AGEU

MILTON SCHWANTES

AGEU

Coleção

Comentário Bíblico Latino-Americano

ALTA BOOKS
GRUPO EDITORIAL

Ageu

Contra o Vento é uma empresa do Grupo Editorial Alta Books (STARLIN ALTA EDITORA E CONSULTORIA LTDA).

ISBN: 978-65-5319-020-7

Impresso no Brasil — 2ª Edição, 2025 — Edição revisada conforme o Acordo Ortográfico da Língua Portuguesa de 2009.

DADOS INTERNACIONAIS DE CATALOGAÇÃO NA PUBLICAÇÃO (CIP)
(BENITEZ Catalogação Ass. Editorial, MS, Brasil)

S398a
2. ed. Schwantes, Milton
Ageu / Milton Schwantes. – 2. ed. Rio de Janeiro : Contra O Vento, 2025.
86 p.; 16 x 23 cm

Bibliografia.
ISBN 978-65-5319-020-7

1. Antigo testamento. 2. Bíblia – Estudos. 3. Bíblia . – Comentários. social. 4. Bíblia – Interpretação. I. Título. II. Série

05-2025 / 227 CDD 230

Índice para catálogo sistemático :
1. Antigo testamento : Bíblia : Comentários 230
Aline Graziele Benitez – Bibliotecária – CRB-1/3129

Produção Editorial: Grupo Editorial Alta Books
Diretor Editorial: Anderson Vieira
Editor da Obra: Eduardo de Proença
Vendas Governamentais: Cristiane Mutüs
Gerência Comercial: Claudio Lima
Gerência Marketing: Andréa Guatiello
Revisão: Renato da Rocha
Diagramação: Giovanni Pieroni
Capa: Victoria Cristina Eduardo

ALTA BOOKS
GRUPO EDITORIAL

Rua Viúva Cláudio, 291 — Bairro Industrial do Jacaré
CEP: 20.970-031 — Rio de Janeiro (RJ)
Tels.: (21) 3278-8069 / 3278-8419
www.altabooks.com.br — altabooks@altabooks.com.br
Ouvidoria: ouvidoria@altabooks.com.br

Editora
afiliada à:
abdr
ASSOCIADO CBL Câmara Brasileira do Livro

Para Edna e Oto,
Sirley e Rui.

Mesmo quando é assim pequena
a explosão, como a ocorrida;
mesmo quando é uma explosão
como a de. há pouco, franzina;
mesmo quando é a explosão
de uma vida severina.

(João Cabral de Melo Neto, *Morte e vida severina*)

No estandarte vai escrito
que ele voltará de novo.
E o rei será bendito,
ele nascerá do povo.

(Ivan Lins, *Bandeira do Divino*)

SUMÁRIO

APRESENTAÇÃO

A 1ª edição foi de 5 mil exemplares. Alegra-me vê-los esgotados. Espero que leitoras e leitores tenham tido alegria na leitura. Desejo que o comentário tenha ajudado na interpretação de Ageu, um desses profetas profundamente inovadores.

Tenho muita alegria em ver este comentário traduzido para o espanhol, em Buenos Aires, e para o italiano, em Roma. Isso significa que foram atingidos leitores e leitoras de outros contextos que o brasileiro; fico feliz que tenham tido acesso à interpretação de Ageu que proponho neste comentário.

Li algumas avaliações e apreciações críticas de minha proposta para a interpretação de Ageu. Ficarei feliz se outras avaliações se seguirem à presente nova edição. Duas de minhas sugestões, certamente, são decisivas para esta minha interpretação de Ageu. Dizem respeito à terceira unidade: 2,10-23. Em 2,10-14, defini que o conceito "este povo" se refere aos ricos em Jerusalém, e "esta nação" diz respeito aos samaritanos. E de 2,20-23 deduzo uma referência aos persas (vv. 21-22) e ao aniquilamento profético de seu poder de dominação contra Judá e Jerusalém. A interpretação que proponho para Ageu muito tem a ver com a compreensão dessas unidades literárias do final do livro. Agradecerei pelo debate em torno destas minhas propostas hermenêuticas. Entrementes inclusive foi publicado o comentário de meu professor orientador de doutorado em Heidelberg, em 1970 até 1974, o Prof. Dr. Hans Walter Wolff (*Dodekapropheton 6 — Haggai*, Neukirchen, Neukirchener Verlag, 1986, 100p. [Biblischer Kommentar Altest Testament 14/6]). Divergimos quanto à interpretação dos dois textos acima mencionados, o que poderá enriquecer e inquietar a curiosidade de leitoras e leitores para novas definições e inovadores entendimentos de Ageu.

Fiz inovações e adequações nesta edição. Mas não fiz mudanças muito profundas, porque gostaria que minha proposta de interpretação continuasse em debate. Ora, um comentário não está aí para fechar assuntos, mas para apresentar propostas de leitura que venham a ser alteradas, negadas ou inovadas a partir de novas exegeses. É esta a ideai deste comentário. Nele se sugere. Abrem-se assuntos. Aí nada está fechado, tudo permanece aberto para o novo.

Afinal, este é o caminho com a Bíblia. Nela se busca o novo, o mais adequado para os dias e os contextos que se vive. Um comentário abre conversa. Não a encerra. Gostaria, pois, que se continuasse a dialogar e a conversar, antes de mais nada, com Ageu e depois – muito depois – com minhas sugestões de leitura.

Ageu me impactou quando, na década de 1980, assumi a tarefa de comentá-lo, quando iniciávamos o Comentário Bíblico Latino-Americano. Este profeta me convidou para um novo jeito de ler a profecia pós-exílica. Em Ezequiel e no Segundo Isaías (Is 40-55), as alterações de enfoque já se manifestam claramente, e em Ageu, Zacarias e Malaquias elas se tomam ainda mais manifestas.

O novo nesta profecia exílica e dos começos do pós-exílio vai se manifestando. Essa novidade tem a ver com a visão do templo. Nestes decênios, o templo – a identidade judaíta e hierosolimita que restara à população remanescente – recebe nova significação. Ele que fora destinado à ruína por profetas anteriores passa a obter nova significação. Aliás, este segundo templo, inaugurado em 515, era um templo não edificado por algum Estado, alguma monarquia, algum império. Ele veio a ser, em boa medida, o templo do povo, da gente 'leiga'. Em meio a tais circunstâncias, novas leituras e abordagens vieram a ser exigidas para a interpretação de Ageu, muito diferentes, por exemplo, daquelas necessárias para entender Jeremias, por exemplo em seus capítulos 7 ou 26.

Em 1986, dedicara este comentário à Edna e ao ato, um casal amigo desde muitos anos, lutadores na vida e que aprendi a conhecer em jovens anos de estudo de teologia e de vida pastoral dedicada às necessidades do povo, até os dias de hoje. Na igreja, estão dedicados a viver sua vida em meio à vida do povo. Agora, acrescento a este mais outro casal, igualmente especial e querido para mim. Sirley e Rui, aqui de São Bernardo do Campo (SP), se tomaram muito especiais para mim.

Rui tem seu lugar de trabalho na produção de veículos no Grande ABC; tem olhos e palavras certeiros quando descreve os caminhos do movimento sindical. E sua companheira, Sirley, tem cuidado com grande esmero e muita dedicação do projeto da Bibliografia Bíblica Latino-Americana, que vocês agora encontrarão na internet. A Bibliografia pertence a uma das grandes obras de sua vida! Para mim, é um privilégio poder acompanhar a vida de vocês e aprender de seus passos.

Milton Schwantes
São Paulo, 6 de janeiro de 2008

1. INTRODUÇÃO

Para aproveitar este comentário bíblico, a leitura do próprio texto é decisiva. Ele foi escrito nesta função. Ainda assim tomei a liberdade de alongar-me nesta Introdução, obviamente escrita após as pesquisas e os comentários a cada versículo. Afinal, detive-me em cada versículo e perícope. Por isso poderá ser útil incorporar uma introdução ampliada ao presente comentário a somente dois capítulos de Ageu.

Abordo quatro aspectos na presente introdução: o contexto histórico, a peculiaridade literária do presente panfleto, um elenco das características do autor e, por fim, a mensagem do livro.

O contexto

A *dominação persa* marca o contexto da profecia de Ageu. No livro, há três referências expressas aos persas: 1,1; 1,15b; 2,10. Outras tantas são implícitas, como veremos na exegese (veja 2,7-8.22-23). Pelo visto, o próprio livreto insiste em situar seus conteúdos na era persa, sob as condições opressoras dessa dominação.

Importa, pois, que interpretemos de modo contextual tanto o escrito como a fala profética nele contida. Para ver o texto, teremos de ornamentá-lo com as cores de seu tempo. Para ouvir a fala de Ageu, teremos de sintonizá-la na hora certa. Esta tarefa não é fácil. É, porém, decisiva! Afinal, as primeiras palavras do livro remetem expressamente ao contexto histórico; por meio delas, a atuação de Ageu é localizada "no segundo ano do rei Dario" (1,1).

Comecemos por reunir *algumas* poucas *informações* mais gerais. Elas não só dirão respeito a nosso livro. Em boa parte, também são válidas para Zacarias (cap. 1—8) e, na medida em que for localizado na mesma época, para o Terceiro Isaías (Is 56—66) ou partes deste.

Os persas arrancaram aos babilônios a dominação da Mesopotâmia, em 539 a.C. Lá os babilônios se haviam imposto contra os assírios. A derrocada da temível hegemonia assíria ocorrera em 612, por ocasião da conquista de Nínive, capital da Assíria. Desde então, a Babilônia assumiu o controle da Mesopotâmia e, a partir de lá, de suas adjacências. Seu soberano mais audacioso, Nabucodonosor (604-561), expandiu seu império também em direção ao Egito. Por resistir a essa expansão e por aliar-se ao Egito, Judá - essa pequena nação na Palestina - sucessivamente foi deportada (a primeira leva seguiu em 597) e Jerusalém, finalmente, foi destruída, em 587. Judá e Jerusalém foram, enfim, arrasadas para impedir que os egípcios tivessem alguma cabeça-de-ponte na Palestina. Foram trituradas na luta entre egípcios e babilônios pela hegemonia internacional.

A hegemonia babilônica foi de pouca duração. Após seu rápido auge sob Nabucodonosor, seu declínio não tardou. A leste da Mesopotâmia consolidavam-se os persas, sob Ciro (desde 559). Em 550, os persas derrotaram os medos e tomaram a capital destes, Ecbátana. Em 546, a Lídia (na Ásia Menor) caía em seu poder. Aproximava-se a conquista da Babilônia, que, sob seu último soberano, Nabonide (556-539), vivia em desavenças internas. Povos escravizados e setores dos próprios babilônios aderiram a Ciro. Foi o caso dos israelitas deportados na Babilônia (veja Is 44,24—45,7) e de parcelas do exército babilônio que se bandearam para o lado dos persas. Por fim, em 539, a capital Babel recebia Ciro triunfalmente, celebrando-o como libertador. Ciro se assenhoreara da Mesopotâmia.

Restava o Egito. Para consumar a dominação do "mundo da época", sua conquista era o próximo grande alvo persa. Ciro tinha-a em mente, mas pessoalmente não chegou a realizá-la, ao morrer em 530. A tarefa coube a seu filho Cambises (530-522), que anexou o Egito em 525. Enquanto consolidava a hegemonia sobre o Nilo, o descontentamento ganhava vulto no restante do império. Eclodiu por ocasião da substituição de Cambises, que morrera sem deixar filhos. Seguiram-se dois anos (522-521) de lutas internas pela sucessão. Digladiaram-se diversos pretendentes. O império tendia ao esfacelamento. Enfim, impôs-se Dario I (522-486), que organizou e consolidou a dominação persa. No 2º ano deste soberano, isto é, em 520, atuou Ageu.

Feito este breve levantamento informativo sobre a conjuntura maior, podemos ater-nos aos aspectos que situam e *historizam detalhes* da profecia de Ageu. Os conteúdos por ele profetizados são flagrantemente contextuais.

Um dos grandes temas de Ageu é o templo. Este não é um assunto recente. Tantas outras vezes foi tematizado na história de Israel (confira 1Rs 5—8). No exílio do século VI, foi realçado por Ezequiel (cap. 40—48) e por outros (Is 40,9, Sl 137,1-6 etc.). O templo não era, pois, uma questão nova. Contudo, em 539 assumiu perspectivas novas, inusitadas. Devemo-las aos persas.

Ciro era restaurador de cultos e templos. Em Babel, revitalizara o culto a Marduque (sol), que fora negligenciado por Nabonide, último soberano babilônio, que tinha sido adepto da lua. Semelhantemente, os persas também se mostraram interessados na restauração do culto e do templo a Javé, em Jerusalém. O decreto de Ciro concede a reconstrução, em 538, no ano subsequente à sua ascensão ao poder em Babel (veja Esd 6,3-5).

Os persas diferenciavam-se, pois, de seus antecessores, os babilônios e, antes destes, os assírios. A dominação assírio-babilônica fora implantada à custa da demolição de todo e qualquer suspiro de resistência por parte dos povos conquistados. Deportações e destruições de cidades e templos estavam na ordem do dia. Essa prática de aniquilamento foi a responsável tanto pela deportação e pela destruição de Israel (norte) pelos assírios em 732 e 722 como pelo arrasamento de Judá (sul) pelos mesmos assírios em 701 e de Jerusalém pelos babilônios em 597 e 587. Dela também foi vítima o templo de Jerusalém, em 587. Os persas, porém, foram diferentes. Inovaram. Seu projeto de dominação internacional reservava alguns espaços de autonomia para os povos conquistados. O espaço principal era de ordem cultural. Os persas assumiram em seu império as línguas dos povos dominados. Para as regiões siro-palestinenses, o aramaico foi adotado como língua oficial. O império também favoreceu as distintas expressões religiosas de seus súditos. Por conseguinte, o decreto de Ciro estabelecendo a reconstrução do templo hierosolimita cabe no contexto do novo projeto de dominação que previa certa autonomia cultural-religiosa para os povos subalternos. Essa nova política religiosa tornava-se viável também devido a mais outra peculiaridade do novo projeto, vitorioso na arena internacional. Os persas alcançaram organizar um eficiente aparelho imperial de arrecadação de tributos, taxas e impostos, desvinculado dos santuários. O sistema provincial reunia os impostos do contribuinte.

Tributação passava a ser uma questão de administração. Desse modo, os templos se tornavam, cada vez mais, prescindíveis como núcleos arrecadadores das riquezas de Estado. Por conseguinte, o espaço previsto pelos persas para um santuário estava limitado à expressão da religiosidade – a ele estavam vedadas funções políticas. Concomitante à autonomia do religioso era o cerceamento do político. Em Ageu, aflora essa tensão. Para nosso profeta, o templo não se limita à expressão religiosa!

Para perceber melhor o posicionamento de Ageu, é imprescindível deter-se na especificidade de sua hora, em 520. Afinal, o decreto de 538 mais bem expressava uma intenção. Nele, Ciro legislava sobre um território que, de fato, nem estava em seu poder. Por certo, interessava-lhe: o caminho ao Egito passa pela Palestina; para conquistá-lo, Judá era de importância. Contudo, em 538, a invasão do Egito não passava de um projeto dos estrategistas persas. Nessas circunstâncias, o decreto de Ciro visava obter a simpatia de Judá, com vistas a seus alvos expansionistas maiores, em direção ao Nilo. Efetivamente, por meio do decreto de Ciro pouco ou nada mudou em Judá, a não ser que cessara a exploração babilônia e que a persa, de fato, ainda não se iniciara. A missão de Sasabassar (veja Esd 1,8-11; 5,14-16) não terá ido além do levantamento da situação.

A incorporação da Palestina ao império somente se efetivou em torno de 525, quando Cambises se dirigiu ao Egito. Aí Judá se tornou estrategicamente interessante. Por ocasião desta mobilização persa rumo ao Egito, novos contingentes de deportados terão regressado. Zorobabel e Josué hão de pertencer a eles (confira Esd 2; Ne 12). Abriram-se novas perspectivas para Judá e Jerusalém. A efetivação do império persa na Palestina, a partir de 525, forjava novos fatos, também em Jerusalém.

Os exilados que retornavam da Babilônia vinham imbuídos de suas propostas. Um novo templo condensava-as. Ezequiel sonhara com ele (Ezequiel 40—48). Outros esboçaram-no (Ex 25—40). Enfim, o decreto de Ciro de 538 foi uma conquista desses exilados (confira 2 Rs 25,27-30). A partir de 525, estavam, pois, dadas as condições ideais e reais para a implantação desse projeto do templo: deportados retornavam com a ideia de um novo santuário na cabeça; a política do novo império hegemônico previa a restauração dos cultos de povos dominados; os persas efetivamente haviam anexado Judá à sua dominação internacional. Essas condições que convergiram a partir de 525 refletem-se em Ageu.

A partir de 522, precipitaram-se novos acontecimentos. Enquanto Cambises se dedicara à conquista do Egito, crescera a oposição interna. Foi obrigado a retornar ao núcleo de seu império para fazer frente a seus concorrentes. Até chegara a ser entronizado um novo soberano, de nome Gautama. Ao regressar, Cambises morreu, em meio à crise e sem deixar sucessor. Ampliou-se a luta pelo poder. Articularam-se diversas facções. Povos submetidos se sublevaram. Os babilônios proclamaram sua independência sob um soberano próprio. No decorrer de 522 e 521, travaram-se muitas batalhas. Nelas a vitória coube a Dario I. Era o senhor da situação, a partir de 521. Impôs-se de modo tão contundente que veio a consolidar o domínio persa por decênios (521-485).

Ageu se situa na transição de Cambises para Dario. É profecia de um momento de instabilidade do poder dominante. É fala na crise do império. É parte da agitação que perpassou o mundo de então. Integra os movimentos liberacionistas dos povos subjugados. Nas palavras de Ageu pulsa a comoção política desse início da nova dominação internacional. Em seus ditos, ressoa o rufar da história de seus dias. Ressoa desde uma população periférica e sem importância maior, como era a Judá daqueles tempos. Em Ageu, olha-se a história desde a dependência, desde os moradores de uma terra arrasada pelos babilônios e recém-incluída na tributação persa.

Há quem postule que não se poderia auscultar a fala de Ageu a partir da momentânea instabilização do regime em 522 e 521. Diz-se que, se assim se devesse proceder, Ageu não deveria ter profetizado em 520, mas um ou dois anos antes, em meio à crise. Em 520, a manifestação de Ageu estaria chegando com atraso; neste ano, Dario já reassumira o controle da situação. A meu ver, tais objeções não são consistentes. Pelo contrário, confirmam nossa hipótese. Ora, Judá se situa na margem do grande império, aí em meio às montanhas. Nesses confins, as notícias chegam com atraso. Os movimentos de insatisfação, que sabidamente não tiveram início em Judá, que recém-começava a aquilatar as dimensões da exploração persa, tardaram a ecoar nas regiões mais distantes. Por isso, faz bom sentido afirmar que a profecia de nosso Ageu vem no bojo da instabilização da supremacia persa, na transição de Cambises para Dario.

Até aqui fazíamos uma leitura de Ageu sob o enfoque da hegemonia persa e dos exilados que em seu retomo, ainda que esporádico, a Jerusalém vinham imbuídos dos novos ventos que sopravam e que, no concreto, favoreciam a reedificação do templo, em ruínas desde 587. Trata-se de, agora, alterar a perspectiva. Partamos dos remanescentes em Judá, perguntando-nos de que modo absorviam os novos ares da política persa.

Tal propósito talvez cause estranheza. Via de regra, pensa-se que Judá teria sido despovoada por ocasião da destruição de Jerusalém, das deportações e consequentes emigrações. Mas, de fato, a maior parte da população, em especial os camponeses judaítas, permaneceu. Até foi favorecida pelos conquistadores babilônios (Jr 39,10; 2 Rs 25,12). Em Judá, a vida continuou após 587!

Esses remanescentes judaítas elaboraram textos bíblicos importantes. A grande obra historiográfica que abarca os livros de Deuteronômio, Josué, Juízes, 1 e 2 Samuel, I e 2 Reis (a assim chamada obra historiográfica deuteronomista) deve ter sido compilada em Judá, por volta de 560. O livro de Jeremias teve origem entre os que permaneceram na terra. O mesmo se pode dizer de Obadias/Abdias, das Lamentações de Jeremias e de outros textos mais. Podemos, pois, atribuir grande criatividade literária aos remanescentes, o que lhes atesta dinamismo social. Portanto, após 587 Judá não se acomodou aos vitoriosos babilônios. Resistiu. Sobreviveu. Forjou seu futuro.

Entre os remanescentes foram exercitados diversos projetos para o futuro. Aqui, não vem ao caso delineá-los e evidenciar quanto estão enraizados no tribalismo. Basta realçar o que importa para nosso contexto. O templo visivelmente não ocupava lugar central nos anseios dos judaítas, à diferença dos exilados, que lhe davam primazia. Destaque recebia a expectativa de um novo rei: amigo dos pobres (Sl 72, Jr 22,15-16), destituído de aparato de poder (Dt 17,14-20), crente em Javé (2 Rs 22—23), avesso à idolatria (1 Rs 11—12), semelhante a um líder tribal (Jr 30—31) e, por certo, muito diferente dos reis que provocaram a catástrofe da destruição de Jerusalém. Após meio milênio de davidismo, não é de estranhar que o soberano esperado seria descendente de Davi. Sabemos que justamente os camponeses judaítas eram adeptos do davidismo (confira 2 Rs 11,17-20; 21,24).

Esse davidismo judaíta veio a ser nutrido por uma particularidade da administração que se impusera através de Ciro: os persas costumavam incluir em seu aparelho de Estado, obviamente em funções subalternas, representantes dos povos dominados. Essa foi a prática persa na Babilônia. E o que também sucedeu em Judá. Para aquela região distante, os próprios judaítas foram feitos funcionários persas. Para tais tarefas, os mais apropriados eram os que tinham prática administrativa: os descendentes dos antigos soberanos hierosolimitas que, no exílio, inclusive haviam atuado junto à corte babilônica (2Rs 25,27-30). Por conseguinte, os persas acabaram enviando para Judá davididas como seus funcionários. Sasabassar (Esd 1,8-11; 5,14-16) já deve ter sido um davidida; é chamado de "príncipe de Judá" (Esd 1,8) e talvez seja filho do rei Jeconias/Joaquim, deportado em 597 (Senazar = Sasabassar? – confira 1 Cr 3,18). Zorobabel em todo caso é davidida. É neto de Jeconias/Joaquim (1 Cr 3,17-18). Também nos casos de Esdras e Neemias, os persas se valeram de gente do próprio povo dominado para executar obras ou missões favorecidas pelo império. Aqui nosso interesse está voltado para Zorobabel. Leva o título de um funcionário persa. Costumamos traduzi-lo por "governador de Judá" (Ag 1,1.14; 2,2.21; confira Esd 5,14). Na época, Judá estava longe de ser província. Por isso, nem convém falar de "governador de Judá". Zorobabel era uma espécie de "intendente" ou "comissário" local. Em todo caso, vinha investido da autoridade imperial, ao retomar a Jerusalém, por volta de 525.

Pelo visto, para persas e judaítas Zorobabel representava valores distintos. O império servia-se dele e de pessoas semelhantes para enraizar o sistema provincial dominante nas tradições do povo conquistado. Enviando Zorobabel como seu funcionário, os persas tratavam de perenizar seus interesses em Judá. Outra é a leitura feita pelos camponeses remanescentes. Para estes, a expectativa messiânico-davídica servira de estrela-guia nos decênios anteriores. Haviam feito culminar a história do reinado na libertação de Jeconias/ Joaquim (2 Rs 25,27-30), cujo neto era Zorobabel. Entre os remanescentes, a volta de Zorobabel foi lida segundo os parâmetros de suas esperanças. Cresceu a chama liberacionista. Reanimaram-se os sonhos de autonomia nacional. Tais propostas afunilaram-se na pessoa de Zorobabel, vindo como agente persa, mas recebido por remanescentes judaítas como novo Davi!

Entendo que, na profecia de Ageu, o *davidismo* desempenha papel preponderante. Nele culmina o livro (2,20-23)! Nele está a superação da dominação persa (2,6-7.21-22)! A mística davídica é mais relevante do que a do templo. O messianismo davídico parece-me, pois, decisivo para a hermenêutica de Ageu. O comentário tratará de exercitá-lo no detalhe.

Em *resumo*: em Ageu transpira seu contexto histórico: a nova política do império persa, o retomo de exilados por ocasião da expedição militar ao Egito, a crise na sucessão de Cambises e, em especial, as práticas e esperanças dos remanescentes judaítas. Na profecia de Ageu, aflora sua hora.

Por fim, convém adicionar mais dois esclarecimentos. Por um lado, saliente-se que muito do que aqui foi observado também vale para a interpretação de Zacarias e, se forem datados nesta época, para certos capítulos do assim chamado Terceiro Isaías (Is 56—66). Não dei ênfase maior à explicitação dessas correlações, em si evidentes, para concentrar-me em Ageu.

Por outro lado, na descrição dos acontecimentos históricos em Judá após 538, divergi, parcialmente, dos dados apresentados por Esdras 1—6. A avaliação historiográfica desses primeiros capítulos de Esdras está em discussão. Aqui não podemos detalhar a questão. O problema reside em que os primeiros capítulos de Esdras provavelmente antecipam para logo após o decreto de Ciro acontecimentos que sucederam em tomo de 520. A consulta a um livro sobre a história de Israel poderá ajudar na verificação da complexidade do assunto.

O panfleto

Nossos dois capítulos, 38 versículos ao todo, não representam um livro. Constituem um panfleto, originalmente escrito numa folha de papiro ou de pergaminho e destinado à fácil circulação entre os interessados. Tais panfletos ainda se encontram próximos à fala. Estão em sua continuação, por isso são breves e concisos.

É de alguma relevância caracterizar de panfleto nossos dois capítulos. Pode-se percebê-lo ao diferenciar o panfleto do livro ou do documento. Estes pressupõem um anterior processo de sedimentação dos episódios anotados. Encontram-se a uma distância maior. Já o panfleto ainda deixa transparecer a agitação da fala. Prolonga-a de um modo mais imediato. Serve-lhe de apoio.

Nosso panfleto constitui uma unidade. Pode-se verificá-lo em seu jeito de se expressar: seus versículos são perpassados por um mesmo estilo. Sua *linguagem* é *unitária*. Sem pretender ser exaustivo, anoto alguns dos sintomas mais evidentes dessa coesão de nosso panfleto. Certos versículos têm formulações idênticas: 1,1.3.12-15; 2,1.10.20. Com regularidade repetem-se certas fórmulas: "assim disse Javé dos Exércitos" (1,2.5.7.8;

2,6.7.9.11) e "dito de Javé dos Exércitos" (1,9.13; 2,4.8.9.14.17.23). Acrescente-se ainda que no início (1,1), no decorrer (1,12.14; 2,2) e, em especial, no fim (2,20-23) o livreto se dirige preferencialmente a Zorobabel. Este estilo que caracteriza e dá coesão aos dois capítulos de Ageu também se encontra em Zacarias (confira 1,1.7; 7,1 etc.). Isso faz supor que, ao menos, a elaboração literária de ambos os escritos pode ser atribuída a círculos similares. Há quem pense tratar-se da escola cronista, responsável pela autoria de 1 e 2 Crônicas, Esdras e Neemias, o que, para o livreto de Ageu, me parece demasiado tardio (século IV ou III).

A coesão do livreto também transparece na organização de seus conteúdos. Encontram-se divididos em *três partes*. Cada uma inicia por indicações cronológicas: 1,1-15a; 1,15b-2,9 e 2,10-23. A primeira e a terceira têm quase o mesmo tamanho. A menor é a unidade do meio. O ápice evidentemente se encontra, por motivos de conteúdo, na terceira parte.

Cada uma dessas três unidades tem alguma peculiaridade. Na primeira, há realce para a narração (1,1.3.12-15a). Além disso, o destaque que nela é dado ao v. 2 parece atribuir-lhe uma função especial no panfleto. Na segunda unidade, é dada continuidade (2,3-5) a conteúdos da primeira e preparada a terceira (2,6-9). A segunda assume, pois, um papel de intermediação. A terceira unidade conduz ao auge. Este se encontra, mais precisamente, em sua segunda parte (2,20-23). Parece-me que este ápice – afirmativo – corresponde a 1,2 (ápice negativo). O ponto de chegada (2,20-23) se contrapõe, pois, ao ponto de saída (1,2). A negação inicial (1,2) é superada pela utopia final (2,23). Esta é a trajetória de nosso panfleto.

Portanto, o todo tem organicidade. As três partes se integram. Isso é obra da redação. Os compiladores do livreto deram-lhe coesão. Cunharam seu texto nesse molde tão bem disposto.

A obra desses redatores facilmente pode ser diferenciada daquelas parcelas de texto que podemos atribuir ao próprio Ageu. Os redatores narram; Ageu profetiza, *fala*. Na primeira unidade, a parte narrativa (1,1.2.12-13a.14-15a) forma a moldura para a fala profética (1,2.4-11.13b). Na segunda e, em parte, na terceira unidade a narração encaminha a profecia e não é predominante, com exceção da consulta aos sacerdotes em 2,10-14. Nela, a linguagem narrativa desempenha papel decisivo; estrutura a cena. Não me parece que nossos redatores tivessem interferido na formulação da fala profética. A principal evidência de que a parte não narrativa do panfleto é significativamente fiel à fala do próprio Ageu reside no fato de que os discursos proféticos são uma composição de pequenos e breves ditos ou de subunidades, como mostraremos no decorrer do comentário. Pode-se dizer que as profecias de nosso livreto estão muito próximas da atuação de Ageu. Penso que até mesmo as fórmulas introdutórias (1,2.5 etc.), intermediárias (1,9; 2,4 etc.) ou conclusivas (1,8.13; 2,4 etc.) podem ser atribuídas a nosso profeta. Provêm de suas falas públicas. A fala de Ageu é poética, ao menos parcialmente. Em alguns momentos, o caráter poético é transparente. No ápice do livreto, isto é, em 2,20-23, há primor na poesia.

Pelo que acima foi exposto, o mais provável é que nosso panfleto tenha surgido nas cercanias da atuação de Ageu. Sua *fala* profética foi transformada *em letra*, em Judá (ou Jerusalém?), *não muito depois de 520* e, em todo caso, *antes de 515*. Há bons argumentos para dizê-lo de modo tão categórico. Se os compiladores estivessem em 515, certamente teriam feito alguma alusão à inauguração do templo, à semelhança do que observam a respeito do início das obras (1,14-15a). Aliás, se tivessem diante de si as obras em pleno andamento, teriam anotado algo sobre a ameaça de paralisação das obras (confira Esd 5,3-6,13). De acordo com Esdras 6,14, Ageu ainda teria atuado nessa ocasião. Além disso, se o livreto tivesse surgido a certa distância de 520, leríamos nele algo sobre Zorobabel, que não veio a desempenhar o papel que a ele se atribuía. Há, pois, bons indícios de que o escrito panfletário foi posto em circulação pouco tempo depois dos meses de atuação de Ageu. Poderíamos datar essa redação em 519? Por ela, devem ser responsáveis círculos de apoio ao profeta. Digamos que se trata de levitas. Para chegar a uma certeza maior, far-se-ia necessário comparar a redação de Ageu com as de Zacarias, do Terceiro Isaías (Is 56—66) e da obra cronista.

O mensageiro

Obtemos informações sobre Ageu em nosso panfleto e em Esdras (5,1-2; 6,14), sendo estes provavelmente dependentes daquelas. Neste caso, a melhor *fonte* sobre Ageu continua sendo o pouco que sobre ele nos é dito em nosso livreto. Contudo, nessas "fontes", Ageu é personagem secundário. O olho está posto nas tarefas por ele realizadas, não em sua pessoa.

Convém ressaltar, de início, que o próprio Ageu nada faz chegar a nós a respeito de si. O que dele conhecemos chega a nós por meio de outros, por meio de nossos dois capítulos e dos autores de Esdras. Esse dado é relevante. Mostra-nos quanto a pessoa de Ageu precisa ser entendida como fenômeno da *comunidade*. Não é indivíduo isolado, personalidade iluminada. Sua profecia e as informações sobre sua pessoa não chegam a nós por causa da genialidade individual do profeta, mas por sua inserção comunitária. A rede de comunicação que nos traz notícias sobre Ageu é o povo de Deus. Isso é evidente também em relação a outros personagens bíblicos. Realcemo-lo uma vez mais.

O *nome* Ageu deve ter sido atribuído a nosso profeta em virtude das circunstâncias de seu nascimento. O nome Ageu (*haggay*), no hebraico, está relacionado a uma palavra que significa "festa" (*hag*). "Ageu" é, pois, "aquele que nasceu em dia de festa". Na época, esse tipo de nome de nascimento era comum. Embora ele só seja atribuído a nosso profeta, existem similares (Hagi: Gn 46,16; Hagias: 1 Cr 6,15; Hagite: 2 Sm 3,4). Daí se conclui que o nome de nosso profeta era usual naqueles tempos e que lhe foi conferido por ocasião do nascimento e não por sua posterior atuação.

Bem que gostaríamos de saber de onde vem esse "nascido em dia de festa". Mas quase desconhecemos suas raízes. Nem mesmo é mencionado o nome de seu pai (como em Zacarias; confira Zc 1,1), o que era usual nos tempos de então, fazendo as vezes de sobrenome. A não menção ao progenitor indicaria que Ageu não é de origem muito nobre e que não é um dos que retomaram do exílio, pois para estes era decisivo poder indicar o nome dos ancestrais? Sim, há outros indícios que facilitam ver em Ageu um entre os *remanescentes judaitas*. Nosso profeta se dirige aos camponeses judaítas (ao "povo da terra" 2,4). O "resto do povo" que por ele é interpelado (2,2) e que lhe dá ouvidos (1,12.14) justamente é este "povo da terra", isto é, os camponeses judaítas. Afora Zorobabel e Josué – que estão em Judá na qualidade de enviados persas – , nosso livreto nem se refere a exilados. Além disso, convém lembrar que o davidismo, que desempenha papel central no livreto, era, no século VI, principalmente uma tradição dos remanescentes. Esses argumentos talvez não sejam suficientes para que nos decidamos em prol de uma origem judaíta de Ageu. Tomam-na, porém, possível, até provável. Quiçá até fosse descendente de gente ligada ao templo hierosolimita e não deportada. Afinal, Ageu é versado em assuntos sagrados (2,10-141), está familiarizado com a teologia do templo (veja por exemplo 2,9.19). Seria descendente de sacerdote, levita, cantor?

Na tradução grega (Septuaginta), os Salmos 145-148 são atribuídos a Ageu (e a Zacarias). Isso diria algo sobre as raízes de Ageu?

Ageu profetizou em *Jerusalém*. Na época, essa localidade vive as consequências de 587 (confira 2 Rs 25,8-22): continua semidestruída. Faltam-lhe muros e templo. Assemelha-se a uma aldeia (veja Zc 2,1-5). Sabemos que, nesta vila, Ageu falou por ocasião da festa dos Tabernáculos (1,15b-2,9). Além disso, deve ter-se pronunciado em reuniões da comunidade e, em especial, junto aos trabalhos que eram realizados no templo a partir de 219-520 (confira 1,15a). A profecia de Ageu não é enfeite de dias festivos, mas animação para o trabalho. É igualmente evidente que nosso profeta vive dentro das tradições hierosolimitas. Refere-se à sua teologia de "paz" e "bênção" (2,9.19), sabidamente cultuadas na antiga capital (veja Gn 14,1820; SI 132).

Em nosso livreto, há esmero na *datação* da atuação de Ageu. Datas são mencionadas em 1,1.15a, em 1,15b+2,1 e em 2,10.20. De acordo com essas indicações cronológicas, nosso profeta só teria profetizado em três oportunidades:

- 2º ano do rei Dario, 6º mês, 1º dia (1,1), isto é, 29-8-520;
- 2º ano do rei Dario, 7º mês, 21º dia (1,15b+2,1), isto é, 17-10-520;
- 24º dia, 9º mês, 2º ano de Dario (2,10.18), isto é, 18-12-520.

Impressiona a precisão dessas datações. Assemelham-se às de Zacarias (1,1.7; 7,1). Também em Ezequiel há esmero na fixação cronológica da profecia (Ez 1,1-2; 3,16; 8,1 etc.). Aliás, os redatores que nos transmitiram os livros proféticos sempre tiveram o cuidado de localizá-los na história (confira, por exemplo, Am 1,1; Jr 1,1-3). A peculiaridade de nosso panfleto não reside, pois, em haver datado os discursos de Ageu, mas em havê-lo feito com presteza e, em especial, em haver esquematizado o livreto em três unidades a partir da cronologia. As datas esquematizam o livreto. E, já que ele é obra de redatores, temos de perguntar se nosso profeta somente atuou nas datas mencionadas por nossos compiladores.

É evidente que hão de ser historicamente corretas. Ao menos, nada encontro que assinalaria o contrário. Assim sendo, as datações localizam no segundo semestre de 520 os meses decisivos da atuação de Ageu: de final de agosto (29/8) a meados de dezembro (18/12). Ageu começa a profetizar no final do verão, no final dos meses de estiagem, quando as colheitas de cereais e de frutas estavam feitas, portanto quando o ano agrícola da Palestina chegava a seu final (veja 1,5-6.9.10-11; 2,15-17). A data da segunda unidade (1,15b-2,9) aliás coincide com a festa dos Tabernáculos, a festa da colheita de frutas e de virada do ano. A data da terceira unidade (2,10) cai, na Palestina, numa época em que, após as primeiras chuvas, desde novembro, a natureza se recupera vigorosamente dos meses de seca do verão (confira 2,18-19!). A profecia de Ageu localiza-se, pois, de acordo com nossos redatores, na passagem do verão (seco) para o inverno (chuvoso), nos meses de virada do ano agrícola. Sua fala, em parte, interpreta os resultados do ano em conclusão (1,1-15a e 1,15b-2,9) e do ano que se inicia (2,10-23). Que as datas efetivamente precisam ser tomadas em seu sentido histórico, também o atesta outra observação. Somente uma indicação de época tem a ver com um dia festivo. Trata-se do já mencionado 21º dia do 7º mês (1,15b+2,1), no qual se celebrava o auge da festa dos Tabernáculos (Lv 23,33-43). As demais datas, sejam as das outras duas unidades (1,1-15a e 2,10-23), seja a do começo das obras (1,15a), nada têm a ver com dias festivos. Tomaram-se importantes a partir da profecia de Ageu.

Contudo, não basta que se avaliem essas datas de modo histórico. Seu sentido vai além disso. Em nossos dois capítulos, a cronologia tem a função de esquematizar os ditos de Ageu em três unidades. Ao compor o panfleto e ao dispô-lo em três unidades, os redatores serviram-se da cronologia. Esta lhes foi útil na organização de seu texto. Ao assim proceder, destacaram três datas – provavelmente as de maior impacto – dentre a atuação de Ageu. Mas isso não exclui que Ageu tenha profetizado também em outros dias. Pelo contrário, é evidente que igualmente se apresentou em outras oportunidades. Há bons argumentos para sustentá-lo. Cada uma das três unidades, localizadas pelos redatores num só dia, não é um discurso unitário. É uma composição de ditos. Verifiquemo-lo antes de mais nada na terceira unidade (2,10-23). Esta até nos é apresentada como composição de duas falas proféticas (2,10-19 e 2,20-23). Se olharmos com maior atenção, até descobriremos três subunidades (2,10-14; 2,15-19 e 2,20-23). A subdivisão em somente duas faz jus às intenções dos redatores, que quiseram dar destaque à última subunidade (2,20-23). Também a segunda unidade (1,15b-2,9) reúne vários ditos (versículos: 1-4a, 4b-5, 6-7, 8, 9). O mesmo ocorre na primeira unidade (1,1-15a): versículos: 2+4, 5-6, 7-8, 9, 10-11. Foram os editores do panfleto que agruparam os diversos pronunciamentos proféticos em três datas. É, pois, provável que de agosto a dezembro de 520 nosso profeta também tenha atuado fora das três datas referidas em 1,1, em 1,15b+2,1 e em 2,10.20. Aliás, é flagrante que assim seja. Basta que se observe 1,13b (eu mesmo estou convosco); não foi pronunciado em 29 de agosto de 520 (1,1). Foi dito entre 29 de agosto (início de atuação, conforme 1,1) e 21 de setembro (início das obras no templo, conforme 1,15a). Podemos, pois, concluir que de agosto a dezembro de 520 Ageu também profetizou fora das três datas indicadas no início das três unidades.

No entanto, a atuação de nosso profeta nem mesmo se restringe ao segundo semestre de 520. A partir de 1,2 se tem a nítida impressão de que Ageu já estivera a discutir a construção do templo antes de agosto de 520. Enfrentara aí a oposição de setores hierosolimitas. Esses adversários haviam chegado a sedimentar sua opinião na palavra de ordem citada em 1,2. Uma tal frase programática não surge de um momento para outro. Portanto, de acordo com 1,2, parece-me provável que Ageu já tenha marcado presença antes de agosto de 520.

Ele igualmente se pronunciou após dezembro de 520. É o que se deduz de Esdras 6,14; Ageu e Zacarias acompanharam também a conclusão das obras do santuário. Neste caso, profetizaram até 515. Na qualidade de profeta, Ageu talvez estivesse presente na inauguração do templo.

Podemos, pois, concluir constatando que nosso livreto somente fornece um recorte. Este enfoca os meses mais significativos para a profecia de Ageu: de 29 de agosto a 18 de dezembro de 520. Ageu também deve ter sido profeta antes e depois dessas datas.

Ageu leva o título de profeta (1,1.3.12; 2,1.10), mas este não parece ser seu melhor qualificativo, pois não aparece em 2,20 na introdução do ápice do livreto. E, além disso, o verbo "profetizar" não é nenhuma vez usado (confira Esd 5,1 e 6,14). Assim sendo, em nosso livreto a designação de Ageu como profeta só parece funcionar como título tradicional, especialmente valorizado na época do exílio (século VI) para qualificar os visionários do passado (veja Jr 1,5; Ha 1,1; Zc 7,3.7).

Já não é suficiente para definir com propriedade nosso personagem. Como designá-lo então? Para encontrar uma resposta adequada, devemos iniciar por aquelas partes de nosso livreto que remontam ao próprio Ageu, ou seja, devemos partir da fala profética.

Os diversos ditos de Ageu regularmente são iniciados, concluídos ou interrompidos por dois tipos de fórmulas, oriundas da comunicação de mensagens: "assim disse Javé dos Exércitos" e "dito de Javé dos Exércitos". Ambas remontam ao próprio Ageu. A primeira – a "fórmula do dito de mensageiro" – tem sua origem na transmissão de mensagens (Gn 32,2-6; Jz 11,12-28). A segunda – a "fórmula do dito divino" – provém dos oráculos visionários (Nm 24,3-4; 2 Sm 23,1), mas desde Amós (2,16; 4,3 etc.) é usada no contexto da transmissão da mensagem profética. A rigor, nenhum dos pequenos ditos de nosso panfleto deixa de apresentar uma das duas fórmulas. A única exceção estaria em 1,10-11. Portanto, o que mais caracteriza Ageu é que ele apresenta sua fala como mensagem. É, pois, basicamente um *mensageiro*. Chega-se a essa conclusão a partir das fórmulas que integram seus ditos.

Os editores de nosso panfleto assumiram essa mesma perspectiva. Coincidem com a do próprio Ageu. De duas maneiras esses redatores acentuaram que Ageu era mensageiro. Primeiro: deram ênfase à origem dos ditos. Ressaltaram o comissionamento: "a palavra de Javé aconteceu através de ... (1,1.3; 2,1.10.20). Aí Ageu é apresentado como intermediário. Suas palavras não têm origem nele, mas na "palavra de Javé" que, ao lhe "acontecer", o transforma em mensageiro. Segundo: em 1,12-13 os redatores se esmeram em definir Ageu como mensageiro. Distinguem-no nitidamente de Javé (v. 12): as "palavras de Ageu" não são idênticas à "voz de Javé", contudo nesta aquelas têm sua origem, porque Javé "enviara" / "ordenara". E no v. 13 Ageu é expressamente caracterizado como "mensageiro" que atua "no encargo de mensageiro".

Portanto, *Ageu é mensageiro*. Esta é sua autocompreensão. Nessa mesma ótica os redatores no-lo apresentam. Nosso profeta é, pois, "anjo".

Descrevemos, pois, a *mensagem* deste nosso profeta/mensageiro. Quem melhor poderia fazê-lo do que o próprio texto do livreto? Passemos, pois, à sua interpretação.

A mensagem

O presente item sobre a mensagem do profeta pressupõe o estudo dos conteúdos de nosso panfleto, de suas três unidades literárias. Por isso, na 1ª edição deste comentário, havíamos concluído o comentário com o delineamento da mensagem, da teologia do profeta. Nesta edição, tomamos a liberdade de incluir este item na própria introdução ao livro.

1. Comecemos por destacar a marca da tradição na mensagem de Ageu. Façamo-lo sem pretender ser exaustivos. Concentro-me no que aflora com maior vigor.

Ageu se encontra na linha dos profetas. Esteve em sua "escola". Ele mesmo é intitulado profeta (1,1.12 etc.). Como seus precursores, vale-se abundantemente das fórmulas típicas para entrega de mensagens proféticas: "assim disse Javé dos Exércitos" e "dito de Javé dos Exércitos". Como aqueles, fala para o momento; arrisca reler a palavra de Deus em nova hora; afunila-a; concretiza-a. Enfim, Ageu foi aprendiz da tradição profética precedente.

Em Ageu, vêm à tona tradições do templo. Irrompem até com certo vigor. A interação entre santuário e natureza, tão realçada no livreto, é típica para a linguagem cultivada em lugares sagrados, se bem que não se restrinja a eles. Na consulta sobre regras sacrificais, em 2,10-14, transpiram costumes do âmbito do sagrado. A teologia da presença de Deus, transparente em asseverações como "eu estou contigo" (1,13; 2,4, confira 2,17), é espiritualidade de santuário. E, não por último, conceitos marcantes como "glória" (1,8; 2,3.7.9), "paz" (2,9) e "bênção" (2,19) estão enraizados nas tradições cúlticas, em especial em Jerusalém, a cidade da "glória", "paz" e "bênção" (2,9!). Pelo que se vê, as tradições do sagrado marcam nossos dois capítulos, o que aliás também se pode verificar em 2,5, onde a referência ao evento histórico-salvífico do êxodo vem mesclada com a teologia do lugar sagrado.

Memórias campesinas e judaítas completam o colorido quadro das tradições que se fazem presentes. Para Ageu, o davidismo é particularmente relevante, porque nele sua profecia chega ao ápice (2,20-23).

Percebemos, pois, que a mensagem do livreto vem carregada por experiências teológicas de gerações anteriores. Detectamos tradições com diferentes origens: profecia, santuário, campesinato. As palavras de Ageu são aprendizes dessa memória. Ao interpretá-las, há que considerar essas suas raízes, tendo o cuidado de não igualar a mensagem específica de Ageu com a das tradições que evoca. Essa diretriz norteará o que segue.

2. A temática do *templo* é repetida com insistência no livreto. Sobre ela recai a ênfase. Ageu quer superar a situação reinante que mantém o templo de Jerusalém em ruínas (1,2.4.9). Apela em prol da reconstrução: "construí a casa!", "trabalhai!" (2,4). Vivencia o começo dos trabalhos

(1,12-15a). Presencia o lançamento da pedra fundamental (2,15.18). Anima autoridades (Zorobabel e Josué) e povo camponês para que comecem e continuem a obra. E até mesmo decide a exclusão de alguns da participação nas edificações (2,10-14). Excluídos são - de acordo com nossa interpretação - os segmentos sociais mais abastados e comprometidos com a dominação persa.

Constata-se, pois, que o templo é o assunto mais mencionado. Devemo-lo ao contexto histórico. Nele, restauração ou reconstrução de templos de povos dominados merecia atenção especial; a política internacional dos persas privilegiava santuários nacionais. Essa peculiaridade da política dominante promovia, decisivamente, a edificação da "casa de Javé" em Jerusalém. Em virtude dessas circunstâncias, a temática do templo aparece com muita frequência em nosso livreto. Mas isso não significa que seja o assunto mais relevante. Não é o alvo nem a mola propulsora de sua teologia! A questão do templo é tão-somente uma espécie de canal, dentro do qual flui o líquido precioso do panfleto. O assunto do templo é a mediação contextual do que de fato importa a Ageu. Importa-lhe comida e o novo servo. Falemos primeiro do alimento e depois do novo messias.

3. Em Ageu, o templo, efetivamente, não tem sentido em si. Desempenha um papel na criação, no cosmos, na *natureza*. Como nosso livreto correlaciona santuário e cosmos?

O templo em ruínas, por um lado, implica gente abastada que vira as costas à religião javista (1,2+4.9). Por outro lado, resulta em camponeses vivendo em carência e carestia (1,5-6.9.10-11; 2,16). A ausência de templo leva à ausência de chuva. A adversidade da natureza tem sua origem no abandono do santuário.

O templo em construção regenera a natureza. Ativa crescimento e floração (2,19). Templo e natureza "crescem" juntos. Abundância em *alimentos* passa a estar à vista. Há "bênção" (2,19). Templo é tempo de fartura!

Ao facilitar a natureza, a restauração do sagrado funciona qual chave que abre ou tranca os céus, que propicia comida. Ao enfatizar o templo, nosso profeta não prioriza, pois, a mesa sacrifical ou os interesses do âmbito do sagrado. Prioriza a mesa familiar, a comida para todos. A construção do santuário ativa a criação, a natureza em prol da mesa dos pobres. Desemboca em mesa comunitária, em partilha de comida. Não tem função em si ou para si, mas tem função no conjunto. Não estabiliza interesses sacerdotais, mas vai ao encontro de interesses populares.

Nesse contexto, também cabe 2,10-14. Embora seu temário seja oriundo dos usos sacrificais, sua aplicação transcende a esfera do templo. Ingressa no âmbito comunitário e político. Parece-nos que a exclusão de determinadas pessoas da participação nas obras e nos sacrifícios (v. 14) não se deve, em si, à sua impureza cúltica mas a seus comprometimentos com a abastança e, em especial, com a espoliação persa. Até mesmo em 2,10-14, não é meramente o templo que dá as coordenadas da teologia de Ageu. O santuário aparece antes como referencial ou sintetizador de sua teologia, que é primordialmente histórica, como veremos a seguir.

4. Em Ageu, o templo desempenha um significado na *história*, na utopia política. Este tem sido um aspecto um tanto negligenciado na avaliação de nosso "mensageiro".

Já falávamos deste significado histórico da "casa de Javé" quando acima constatamos que existe uma correlação entre o templo e a natureza. Víamos que o santuário tem ingerência nas coisas da vida. Há, pois, uma interação entre o que acontece na vida e a "casa de Javé". Esta não funciona sem aquela.

Essa perspectiva do significado histórico do lugar santo prevalece, justamente, no auge do livreto, em 2,20-23. Nesse ápice, as expectativas se agrupam em tomo do novo. O novo servo davídico simboliza as esperanças. Esse *messianismo* é político. Seu conteúdo consiste na restauração histórica da autonomia política de Judá. Ageu não descreve os detalhes desse novo "Estado" independente. Parece-me tratar-se de uma reconstituição do reinado davídico, depurado da opressão social e da idolatria, responsáveis pela catástrofe de 587 (como afirma a obra historiográfica deuteronomista, isto é, Deuteronômio até 2 Reis). Nesse novo projeto político, a autoridade é "serva" (2,23, confira Dt 17,14-20) e a economia é tribal, baseada na troca que dispensa o ouro (2,8).

Esse projeto de independentização judaíta é – e nas circunstâncias de 520 nem poderia ser diferente – antipersa. A demolição do poderio persa - político, econômico e militar (2,7-8.21-22) – é anunciada em cores apocalípticas. Em Ageu, essa linguagem apocalíptica é antipersa.

A "paz" (2,9) prescinde, pois, dos persas exploradores. Evoca para o presente a utopia do novo, do messianismo do servidor. Transforma ouro-

-dinheiro em ouro-enfeite (2,8). Faz da carência em alimento abundância. Cria "bênção" (2,19) para todos em meio a ruínas que mantêm as "casas apaineladas" (1,2+4) de alguns.

Pelo visto, a mensagem de Ageu não culmina no santuário, no religioso. Direciona-se ao histórico. Há uma interação entre o sagrado e o histórico, na qual o segundo detém a prioridade. O político passa, pois, por dentro do santuário, mas nele não permanece. A história permeia o sagrado do santuário, mas nele não arma tendas. "Desce" ao mundo da história. Se Ageu fizesse sua profecia culminar no templo, seria teocrático, representaria teologia sacerdotal. Ao transcender o santuário, evidencia-se como eminentemente profético.

Neste seu ser profeta reside seu conflito com os persas. Para estes, um templo nacional, com ritos e sacralidades autônomas, não oferecia riscos. Até podia ser promovido. Um templo a mais podia ser absorvido pelo império. O que não lhe era digerível era o saldo organizacional e político que Ageu propõe, formula e articula por meio da obra comunitária do novo templo. Essa prática comunitária e sua motivação utópico-política constituem a diferença entre o profeta Ageu e os interesses do império persa.

5. A mensagem de Ageu é sustentada e carregada pela experiência concreta com Javé e por uma clara conceituação teológica. Passo a descrever sucintamente as principais facetas da *teologia* do profeta.

Javé atua na história, de maneira dinâmica e messiânica. Ele não é, primariamente, Deus de um lugar sagrado. É Senhor da história. Age em meio ao império persa. Seu senhorio histórico e sua soberania se sobrepõem e contrapõem-se ao poder dos senhores do mundo. Parece-me necessário voltar a dar destaque a essa linha-mestra da teologia de nosso profeta. De fato, Ageu não é representante de um teologizar do lugar sagrado ou do estático, é testemunha do agir histórico de Javé.

Essa ênfase no histórico ajuda a entender particularidades teológicas de Ageu. Há de ser a causa que o fez atribuir a Javé o título "Zebaote" / "dos Exércitos" (14 vezes!). Embora seja difícil estabelecer o sentido exato desse epíteto, podemos observar que, desde os primórdios da história de Israel, era usado para expressar a dinamicidade histórica de Javé (confira 1 Sm 4,14; 2 Sm 6,2). Penso que esse há de ser o motivo pelo qual Ageu privilegia justamente esse título. Essa ênfase no teologizar histórico também deve ser a causa da referência ao êxodo em 2,4-S. A libertação dos hebreus escravizados é o modelo da manifestação histórica de Javé. Nesse contexto, igualmente se poderá apontar para o conceito do "Espírito", empregado por Ageu (2,5) e, em especial, pelos redatores (1,12-15a). Esse conceito dimensiona a dinâmica histórica do agir divino.

Esse Javé que se faz presente historicamente age por meio de pessoas e com vista a pessoas. Ageu é este "por meio de" da ação histórica. Cada uma das três unidades afiança em sua introdução (1,1.3.12; 2,1.10.20) que Ageu é intermediário. O próprio profeta se apresenta como mensageiro – "assim disse Javé dos Exércitos", "dito de Javé dos Exércitos". Os redatores designam-no expressamente como "mensageiro". A mediação do agir histórico de Javé é, pois, o profeta/mensageiro.

Esse agir divino, humana e profeticamente mediado, tem em vista pessoas. Algumas são diretamente interpeladas. Chamam-se: Zorobabel, Josué, povo da terra, sacerdotes, vós. Tais pessoas são animadas a agir em resposta ao agir divino (veja 1,12-15a). Outras são indiretamente atingidas, em especial os senhores persas (2,6-8.14.21-22). O mundo das pessoas é, portanto, a esfera preferencial da presença de Javé.

Enfim, a presença histórica de Deus acontece por meio da "palavra", da palavra profética. O que estamos condensando sob o termo "palavra" é expresso, em Ageu, por meio de três termos hebraicos diferentes: dois (*dabar* e *ne'um*) se referem a uma comunicação mais solene e oficial, e o terceiro (*'amar*) dá destaque à proximidade entre os interlocutores. Traduzimos os dois primeiros por "palavra" (*dabar*, 1,1.3.12; 2,1.10.20, veja 2,5) e por "dito" *ine'um*, 9 vezes). Ênfase particular recai sobre o conceito de "palavra" (do *dabar*), já que este se encontra nos cabeçalhos das três unidades. O terceiro equivale a "dizer" (*'amar*, 25 vezes!); encontramo-lo preferencialmente nas introduções dos pequenos ditos. Importa ressaltar que esses diferentes termos sempre englobam tanto o que é dito como o que sucede. Em seu sentido teológico e bíblico, palavra tanto é o testemunho dito e proclamado como a prática encarnada e histórica. "Palavra" é, pois, discurso, realidade, história. Esses distintos significados são facetas do mesmo conteúdo. Portanto, em vez de dizer que, em Ageu, a frase teológica primária é a de que "Javé age", pode-se dizer também: "Javé fala", na medida em que o conceito de "fala" ou de "palavra" é entendido em seu sentido pleno.

Há premência nessa "fala" ou "ação" de Javé. Está por suceder de uma maneira nova, inusitada. Sim, já está irrompendo. Por isso, nosso livreto está tomado por certa agitação. Há urgência. O "tempo" está maduro (1,2.4). Trata-se de entendê-lo "agora" (1,5; 2,4.15). O novo está aí diante das portas (2,6). O novo será inaugurado por abalos apocalípticos (2,6-7.21-23). Em resumo, o tempo presente é tempo decisivo, qualificado.

Pelo que se vê, Ageu é pensador da "situação" (1,5.7; 2,15.18), teólogo da história, hermeneuta dos sinais do tempo. Avalia profeticamente as convulsões sociais e o aparente esfacelamento do império persa em virtude das lutas internas pelo poder na passagem de Cambises para Dario I. Interpreta a edificação do templo hierosolimita; explicita em palavras as implicações provenientes das mãos que constroem. Promove a grande utopia do novo rei Zorobabel, organizador do povo, servo e eleito. Essa leitura da história, patrocinada por Ageu, não se restringe à esfera das pessoas. Incorpora a própria natureza. A nós, isso pode parecer estranho. Costumamos restringir o conceito da história ao mundo da gente. Para Ageu e para muitas outras passagens do Antigo Testamento, há proximidade e interação entre a história humana e a da natureza (veja Gn 1,1-2,4a; Sl 72; Is 40—55). Por isso, entendo ser a leitura feita por nosso profeta a respeito dos fenômenos da natureza parte de sua compreensão teológica da história. Ageu aclara particularmente o sentido profundo de dois fenômenos da natureza: os péssimos resultados do ano agrícola que está sendo concluído (começa a atuar em agosto, isto é, no final do ano agrícola na Palestina) e as exuberantes promessas do ano que se inicia (seu último pronunciamento traz a data de meados de dezembro, isto é, foi dito após as primeiras chuvas que fazem renascer a natureza palestinense). Ageu se nos apresenta como intérprete da passagem de ano. Aí estende à natureza sua historiografia teológica. Para ele, a criação não está excluída da história.

Essa integração da criação na concepção teológica da história é, em parte, a responsável pelo acento dado à presença de Deus. Ageu é teólogo da presença histórica de Deus. Javé está aí no que acontece. Basta olhar para entender. (Observe, por exemplo, 1,5-6 ou 2, 15-17.) Não há segredos a decifrar. As coisas são tão evidentes porque Javé está transparentemente próximo, seja na história (2,5.20-23), nos fenômenos da criação (2,19!) ou no santuário (1,8; 2,9). A promessa da presença divina chega a ser duas vezes repetida: "eu mesmo estou convosco!" (1, 13; 2,4). Isso não é acaso. Ageu, de fato, quer reaproximar Javé dos judaítas, que nos decênios do exílio haviam sofrido as cruéis dores da distância de Deus. Ageu é teólogo do Deus próximo, do Imanuel (Deus Conosco)!

6. Não se poderia concluir este estudo sem que, ao menos, se dissessem algumas poucas *palavras avaliativas* sobre nosso livreto. Faço-o de um modo abreviado, mais na intenção de formular a problemática do que de discuti-la.

Ageu tem valiosas contribuições a fornecer. Diz respeito a nós, hoje. No decorrer do comentário, trato de deixá-lo implícito. Convém realçá-lo novamente, mencionando alguns dos aspectos.

A profecia de Ageu é uma leitura dos sinais dos tempos, uma interpretação do "agora" da história. Promove uma teologia contextual. Em nossos dias, esta é uma questão muito relevante. O panfleto de nosso profeta ilumina e direciona esta nossa tarefa.

Ageu dá ênfase ao Deus presente em meio à história de seu povo. Essa é uma temática teológica atual. Portanto, é valioso dialogar com Ageu.

Ao visualizar a presença de Deus, nosso panfleto incorpora a natureza em seu falar teológico. Fenômenos da natureza – seca e floração – adquirem perspectivas teológicas. Essa perspectiva nos preocupa, hoje, na questão ecológica.

Em Ageu, os trabalhos comunitários junto ao templo dão coesão ao povo, resultam em um avanço de organização. Em meio às obras comunitárias junto ao santuário, o profeta chega a vislumbrar contornos de um novo povo, autônomo e independente. Esse é um assunto do dia a dia da pastoral: Qual é a contribuição do trabalho pastoral ao movimento popular? A construção de uma igrejinha pode ser fermento no processo de organização? Esses e outros aspectos a mais evidenciam que vale a pena ler Ageu em nosso contexto. É um panfleto atual!

Contudo, houve mudanças. Os dias de Ageu não são nossos tempos. Muitos eventos se interpõem entre aquele panfleto e nossa realidade. Em especial, o evento Jesus, o Cristo, Filho de Deus, introduziu novas perspectivas e outros conteúdos. Por conseguinte, também se faz necessário encaminhar uma leitura crítica de nosso livreto. Apliquemo-la a dois conteúdos da profecia de Ageu: por um lado, dever-se-á questionar a visão social de Ageu. Seus ditos tendem a deduzir a pobreza dos flagelos da natureza. Não parecem correlacionar a carência da grande maioria dos judaítas com a abastança dos senhores hierosolimitas, moradores das "casas apaineladas". A visão social de nosso profeta talvez seja um tanto restrita. Portanto, neste ponto se deveria ir além de Ageu, recorrendo também a outros profetas. Por outro lado, é inegável que o ápice do livreto não veio a se realizar dentro das coordenadas anunciadas por Ageu. A grande utopia do Zorobabel messiânico, servo e eleito, ficou em suspense. Esse davidida não cumpriu o que dele se esperava. Saiu de cena. Aliás desconhecemos seu destino. E os persas não tombaram do cavalo. Seus exércitos se mantiveram no poder, por mais dois séculos. Assim sendo, os resultados desse conteúdo principal da profecia de Ageu foram frustrantes. Requerem ser relidos e redimensionados à luz de Jesus, o Cristo, o filho de Davi, morto e ressurrecto.

2. É TEMPO DE TEMPLO (1,1-15A)

A primeira das três unidades do livreto é qual porta de entrada. A reconstrução do templo, destruído pelos babilônios em 587, é seu assunto. Ageu anima em prol dessa tarefa. A primeira unidade literária presta contas do sucesso alcançado pelo profeta. Conta o seguinte:

> 1 No 2º ano do rei Dario, no 6º mês, no 1º dia do mês, aconteceu a palavra de Javé através do poder do profeta Ageu a Zorobabel, filho de Salatiel, o intendente de Judá, e a Josué, filho de Josedec, o sumo sacerdote, dizendo:
>
> 2 Assim disse Javé dos Exércitos:
>
> Este povo disse:
>
> Agora ainda não chegou o tempo de ser construída a casa de Javé!
>
> 3 E aconteceu a palavra de Javé através do poder do profeta Ageu, dizendo:
>
> 4 Para vós, sim para vós é tempo para morardes em vossas casas apaineladas, enquanto esta casa fica em ruínas!?
>
> 5 Agora!
>
> Assim disse Javé dos Exércitos:
>
> Dirigi vossa atenção à vossa situação:
>
> 6 Semeastes muito,
> mas colhestes pouco.
> Comestes, mas não para fartar-vos.
> Bebestes,
> mas não para saciar-vos.
> Vos vestistes,
> mas não para aquecer-vos.
> O assalariado assalaria-se para dentro de um saquitel furado!

7Assim disse Javé dos Exércitos:
Dirigi vossa atenção à vossa situação:
8 Subi à montanha!
Trazei madeira!
Construí a casa!
Dela me agradarei.
Serei glorificado.
Disse Javé.
9Aguardastes abundância
e eis escassez.
Trouxestes para casa
e o dissipei.
Por quê? – Dito de Javé dos Exércitos.
Por causa de minha casa que continua em ruínas, enquanto
dentre vós cada qual corre no interesse de sua casa.
10Por isso contra vós os céus retiveram o orvalho,
a terra reteve seu fruto.
11Convoquei seca sobre a terra, sobre os montes, sobre o ce-
real, sobre o mosto, sobre o óleo e sobre o que a roça produz,
sobre pessoas, sobre animais e sobre todo trabalho das mãos.

12Zorobabel, filho de Salatiel, Josué, filho de Josedec, o sumo sa-
cerdote, e todo o resto do povo ouviram a voz de Javé, seu Deus, e
as palavras do profeta Ageu, como lhe ordenara Javé, seu Deus. O
povo temeu a Javé. 13Disse Ageu, o mensageiro de Javé no encargo
de mensageiro de Javé, ao povo: eu mesmo estou convosco, dito
de Javé. 14Javé suscitou o espírito de Zorobabel, filho de Salatiel,
intendente de Judá, o espírito de Josué, filho de Josedec, o sumo
sacerdote, e o espírito de todo o resto do povo. Vieram e se puse-
ram ao trabalho na casa de Javé dos Exércitos, seu Deus, 15ano 24º
dia do 6º mês.

Não é fácil entender esse texto, ao menos no que diz respeito ao discurso profético. Parece carecer de sequência. É tarefa da interpretação facilitar o acesso ao sentido desse texto pouco coeso. Vamos à tarefa!

Uma narração

Esses versículos *contam* a respeito de Ageu. Narrativa predomina no início (v. 1.3) e no final (1,12-15a). Narra-se também em outras partes do livro (em 2,1-9, veja v. 1; em 2,10-23, veja v. 10 e v. 20), se bem que com intensidade menor. Uma das marcas de nossa unidade é, pois, a linguagem narrativa. Modela-a. Dá-lhe certa coesão, iniciando-a e concluindo-a. Fornece-lhe o quadro.

Nossa unidade certamente foi composta por quem contou a respeito de Ageu. É pouco provável que tenha sido o próprio profeta. Ele teria narrado na primeira pessoa (*eu*), como por exemplo o fizeram Oseias ou Miqueias (Os 3,1-5; Mq 3,1). Podemos, pois, atribuir nossa unidade a *narradores* ou *redatores* que contaram e escreveram a respeito de Ageu. Eram simpatizantes do profeta, círculos proféticos.

Uma composição de ditos proféticos

Na unidade, prevalecem os ditos proféticos. Refiro-me aos v. 2.4-11 (confira v. 13b). O texto atual apresenta-os como um só discurso. Contudo, há indícios variados de que essa fala profética dos v. 2.4-11 se constitui da *composição de diversos ditos*. Verifiquemo-lo!

É evidente que o *v. 2* e o *v. 4* estão relacionados, um não é compreensível sem o outro. Formam uma subunidade, clara em si mesma. Aliás têm uma introdução própria no v. 2a: "assim disse Javé dos Exércitos" (a fórmula do dito de mensageiro, confira Gn 32,2-5). Estranho é o *v. 3*. Como que interrompe a sequência. Mais adiante retomaremos à questão.

Também os v. *5-6* podem ser agrupados, porque seu assunto difere do que lhes antecede e porque há nova introdução (v. 5), na qual, entre outros, reaparece a "fórmula do dito de mensageiro".

Igualmente os *v. 7-8* devem ser conjugados, afinal seu assunto é novo, seu início (v. 7, quase idêntico ao v. 5) e seu final estão claramente assinalados por "fórmulas do dito de mensageiro" – "assim disse Javé dos Exércitos" (v. 7); "disse Javé" (v. 8).

No *v. 9*, inicia um texto com caracteres peculiares. Por um lado, falta-lhe uma introdução semelhante à dos conjuntos anteriores. Em vez dessa, aparece uma fórmula intermediária: "dito de Javé dos Exércitos". Designamo-la de "fórmula do dito divino" (confira Nm 24,3-4; 2 Sm 23,1). Por outro lado, o v. 9 é marcado por um estilo próprio: constatação, pergunta retórica, resposta. Além disso, o versículo retoma assuntos anteriores. O v. 9a remete para o v. 6 e o v. 9b para o v. 4. – Os v. 10-11 aparentemente complementam o v. 9. Mas, a rigor, o próprio v. 9 já responde a sua pergunta pela causa da má colheita. Daí por que os v. 10-11 funcionam como adendo ao v. 9; tiram a consequência do descaso pelo templo, com que terminava o v. 9. Desvendam a origem das frustrações de safra: em reação à desatenção em relação ao templo em ruínas, Javé provocou seca. – Verifico, pois, que o v. 9 e os v. 10-11 são duas subunidades próprias. Foram conjugadas pelos compiladores.

A promessa profética do *v. 13b* não tem vínculo visível com os versículos precedentes. Afinal, a eles se opõe. Estaria relacionado ao v. 8b? Em todo caso, reaparece em 2,4b.

Cada uma dessas subunidades, reunidas para constituir o discurso profético do cap. 1, apresenta seu conteúdo específico e sua introdução própria. Não houve homogeneização. As características originais dos ditos proféticos foram mantidas. Embora o discurso de nossa unidade seja obra de compiladores – dos mesmos que formularam as partes narrativas (*v. 1.3.12-15a*) – , as subunidades que a compõem ainda respiram o jeito da fala de Ageu.

Portanto, verificamos que o discurso profético dos v. 2.4-11.13b é uma *composição redacional* de pequenos ditos ou, na linguagem do v. 12, de "palavras de Ageu". Nela são confrontadas e correlacionadas duas realidades: a má colheita e o abandono do templo.

Sua poesia

Só em parte os ditos proféticos são poesia. No hebraico, a característica principal de uma poesia é a *repetição* de conteúdos, o que se costuma designar de paralelismo.

Constato bela linguagem poética no v. 6. O mesmo sucede no v. 8 e no v. 9a. Também há repetições no v. 10. Da fala poética igualmente se aproxima o v. 11, se bem que nele predominam enumerações, não repetições.

No restante da unidade prevalece a prosa. Encontro-a no dito profético de v. 2+4. Nas partes narrativas (v. 1.3.12-15a) somente há prosa.

A estrutura

A unidade está *bem estruturada*, ainda que parcelas de seu texto sejam compilação de conjuntos menores. O texto criado por narradores e compiladores faz sentido. Seu quadro e fio condutor estão formados pela narração que nos conta (v. 1) da atuação profética que no 1º dia do 6º mês apelara e argumentara em prol da construção do templo e que no 24º dia alcançava seu objetivo (v. 15a). Portanto, *início* e *final* estão claramente demarcados. (Quanto ao v. 15b, confira a seguir.)

A *introdução* (v. 1) situa o leitor, informando-o sobre data, origem e endereço da profecia de Ageu. Os v. 2-11 constituem essa profecia, a *mensagem* na terminologia do v. 13. A partir do *v. 2* até o *v. 8*, seus conteúdos estão em franca progressão. Crescem. Os opositores da reconstrução são ridicularizados (v. 2 e v. 4). As carências são descritas (v. 5-6). Cai o apelo para o começo das obras (v. 7-8). A partir do *v. 9* até o *v. 11*, conteúdos anteriores são retomados, em especial no v. 9. Os v. 10-11 como que arrematam o discurso: a natureza nega seus préstimos porque pessoas se negam a olhar pelo templo.

É visível que, em relação ao todo desse discurso, os *v. 7-8* desempenham papel central. Neles *culmina* a mensagem. Seu núcleo são imperativos: "subi!", "trazei!" e "construí!". Portanto, o alvo não está no final, mas no centro. – Outra observação que se pode fazer em relação ao todo da composição diz respeito ao v. 2. O *v. 3* curiosamente interrompe os v. 2 e 4. Há quem queira solucionar o fenômeno, definindo o v. 3 como acréscimo posterior (confira, por exemplo, a Bíblia de Jerusalém). Porém, essa solução não satisfaz. Pois para os narradores esse nosso v. 3 desempenha função precípua: visa dar destaque ao *v. 2*. Transforma este versículo, que originalmente estivera conjugado ao v. 4, no *moto* ou cabeçalho de toda a unidade. Aos olhos dos redatores, o que segue ao v. 2 pretende contradizer a posição expressa por "este povo" neste versículo inicial. Justamente por isso interpuseram o v. 3.

Portanto, o discurso profético dos v. 2-11 tem no v. 2 seu moto, nos v. 7-8 seu núcleo e nos v. 10-11 seu arremate.

No v. 12 os narradores retomam a palavra e passam a nos informar sobre os efeitos do discurso profético. Fazem-no em *três cenas* (v. 12, v. 13 e v. 14+15a). Numa primeira (*v. 12*), contam que os endereçados do v. 1 e outros "ouviram" e "temeram". Numa segunda (*v. 13*), Ageu volta a intervir para superar o temor dos ouvintes. Quanto à sua função, o v. 13 se assemelha ao discurso nos v. 2-11. Numa terceira cena (*v. 14+15a*), os trabalhos são iniciados, no 24º dia, pouco mais de três semanas após Ageu haver começado sua atuação profética.

Pode-se, pois, constatar que a disposição do texto é transparente, ainda que falte coesão no discurso profético dos v. 2-11, por compor-se de diferentes subunidades, de diversos ditos.

1º Dia e 24º dia do 6º mês

O discurso profético de nossa unidade é localizado no 1º dia do 6º mês do 2º ano de Dario (v. 1), isto é, em 29 de agosto de 520 a.C. O início das obras é fixado para o 24º dia do mesmo mês e ano (v. 15a), isto é, para 21 de setembro de 520. O que haveria de especial nessas datas?

O início do reinado de Dario (521-486) ainda partilha da conturbação internacional por ocasião da sucessão de Cambises (529-522), como acima delineávamos. É significativo que Ageu atue justamente nas cercanias dessa crise. Nesse sentido é relevante que o livro de Ageu dê como seu contexto o 2º ano de Dario.

No calendário litúrgico, não aparecem nem o 1º nem o 24º dia do 6º mês. Isso até certo ponto surpreende, porque uma data festiva seria mais propícia para um discurso profético. Na oportunidade, a comunidade estaria reunida. Mas a profecia de nossa unidade, pelo visto, não foi proferida em meio à festa. *É mensagem de dia de trabalho*. As duas datas, a do início da atuação profética e a do começo dos trabalhos, tornaram-se relevantes a partir do que nelas sucedeu. Além disso, se quisermos, talvez possamos atribuir algum sentido figurativo ao 1º dia (do 6º mês). Simbolizaria o começo. O início da atuação de Ageu coincide com o início do mês. Esse detalhe até cresce em importância à luz de mais outra reflexão: o v. 1 nos apresenta o discurso profético como tendo sido pronunciado num só dia. Isso não me parece muito provável. Afinal, víamos que os v. 2-11 são uma coletânea de ditos. É pouco evidente que todos eles tenham sido proferidos num mesmo dia. Se assim fosse, não deveriam formar uma unidade mais coesa? Acrescenta-se a isso que os v. 12-15a nos dão a nítida impressão de que tanto a mensagem de Ageu quanto a adesão a ela não são fenômenos de um só dia. Foi um processo de dias e semanas.

Novos grupos foram sendo envolvidos (o v. 1 só se refere a Zorobabel e a Josué, o v. 12 acrescenta "todo o resto do povo") e a adesão foi sendo qualificada (observe os v. 1214). É, pois, provável que o texto que os redatores nos apresentam como um só discurso (v. 2-11), num só dia (v. 1), de fato ocorreu em dias diferentes e em oportunidades variadas entre o 1º e o 24º dia do 6º mês (isto é, entre agosto e setembro). Ao atribuir tudo ao 1º dia, os colecionadores quiseram simbolizar que lá, no começo do mês, com as primeiras palavras proféticas (o v. 2 e o v. 4?), fora dado o passo decisivo. Portanto, a concentração da fala num só dia bem pode ser obra intencional de nossos redatores, como aliás também sucedeu em 2,1-9 e em 2,10-23 (confira a seguir). Além de históricas, as datações de nosso livreto teriam, pois, um colorido simbólico.

Essas observações já estão a nos conduzir ao *conteúdo* de nossa unidade. Passemos a essa tarefa!

"Construí... E eles ouviram" – Os conteúdos

Narradores patrocinam nossa unidade. Através de seus olhos, somos informados. Logo no *v. 1* e (em parte repetido) no *v. 3* querem inteirar-nos da situação. Dão-nos três informações sobre a atuação de Ageu: seu contexto histórico –"no 2º ano do rei Dario, no 6º mês, no 1º dia do mês" –, seu envio – "aconteceu a palavra de Javé através do poder do profeta Ageu" –, seus primeiros interlocutores – "a Zorobabel, filho de Salatiel, o intendente de Judá, e a Josué, filho de Josedec, o sumo sacerdote". Na perspectiva dos colecionadores, esses três dados são relevantes para a compreensão da unidade e, por serem retomados em 2,1-2 e 2,10.20, de todo nosso livreto. Isso justifica que nos esmeremos em detalhá-los.

Primeiro: é habitual que a profecia indique seu contexto histórico. Já o observamos em Amós (veja Am 1,1 e 7,10-17). Conhecemos o ano em que foram ditas certas palavras de Jeremias (confira por exemplo Jr 26,1). Em Ezequiel até são anotados mês e dia (veja Ez 8,1) como em Zacarias (1,1.7 e 7,1). Também a profecia de Ageu tem dia (1,1.15; 2,1.10.20)! É circunstancial. Por conseguinte, na interpretação é preciso levar a sério essa contextualidade da fala profética.

O v. 1 nos situa no 1º dia do 6º mês do 2º ano de Dario que corresponde a 29 de agosto de 520. O sentido dessa datação não se restringe a uma fixação cronológica. Afinal, a passagem do mando de Cambises para Dario redundara em profundo impasse para o estado persa. A profecia de Ageu é uma expressão dessa crise de instabilização momentânea da dominação persa. Além disso, a datação do v. 1 ainda esconde um segredo a mais, que se evidenciará no decorrer da leitura do livreto: a profecia desse nosso profeta contradiz os interesses persas (confira 2,23!). Opõe-se-lhes. Por isso, não é acaso que, na porta de entrada de nosso panfleto, se mencione o dominante persa: "o segundo ano do rei Dario". Na verdade, essa menção contradiz 2,20-23, onde é prometido um novo soberano davídico (v. 23), após a derrocada dos persas (v. 21b-22). As primeiras palavras do livreto assinalam, pois, para seu grande tema: a soberania de Javé e de seu ungido.

Segundo: Ageu nos é apresentado como enviado, em terminologia solene e conhecida de tantas outras passagens. Nossos colecionadores recorrem a uma linguagem já padronizada. É o que se vê tanto no v. 1 e no v. 3 quanto em 2,1.10.20 (veja Gn 15,1; 1 Rs 16,12; 21,17; Jr 1,2.11; 37,2; Ez 1,3; Zc 1,1.7 etc.). Por meio dela, profecia é entendida como "palavra de Javé" (Jr 18,18!). Tal "palavra" não é nem ideia abstrata nem rito continuado. É evento histórico. A palavra "acontece" no concreto, de modo encarnado (veja Jo 1,14). Por ser evento, a palavra profética de Javé sucede em dia, mês, ano e por meio de pessoas, aí em meio à gente. No caso de nosso livreto, essa pessoa leva o nome de "Ageu". Parece significar: "aquele que nasceu em dia de festa". Nesse caso, seu nome não se deve à sua atuação profética, mas ao dia de seu nascimento. Leva o título de "o profeta". Os profetas antigos negavam-se a assumir essa designação (Am 7,14!), porque era típica para seus adversários, os falsos profetas (Mq 3,5; Jr 23,9). Mas desde o exílio tomara-se usual (Ha 1,1; Jr 1,5; Ez 2,5; Zc 1,1.4; 7,12 etc.). É mais típica para os que relatam sobre profetas do que propriamente para estes. Pois essencial para um profeta não parece ser seu título, mas seu envio (veja v. 13!).

É interessante que a palavra de Javé aconteça "pela mão de" Ageu (veja também 2,1). Via de regra, traduz-se aí simplesmente "através de" / "por intermédio de" (compare 2,10.20). Preferi manter a expressão hebraica em v. 1, v. 3 e em 2,1. Acontece que a formulação "pela mão de"/"pelo poder de" (veja 1 Rs 16,12; Os 12,11; Jr 37,2; Ml 1,1) quer realçar que a atuação de Ageu foi marcante e eficiente; pôs em andamento as obras. Tal eficiência, por suposto, não é qualidade de Ageu, mas efeito da intervenção de Javé (v. 14).

Terceiro: conforme o v. 1, somente dois seriam os endereçados iniciais de Ageu: Zorobabel e Josué (veja Zc 3-4). Ambos são duplamente identificados, quanto a sua filiação e a seu cargo.

Como revela seu nome, Zorobabel (broto de Babel) nasceu no exílio babilônico. É neto de Jeconias/Joaquim (1 Cr 3,17-18), rei de Judá, deportado em 597 (2 Rs 24,8-17) e tido pela tradição como último soberano de Jerusalém (Jr 28; 2 Rs 25,27-30; Ez 8,1 etc.). Pertence, pois, à linhagem davídica. Retoma a Jerusalém como funcionário persa. Detém cargo na administração provincial. O título que lhe é conferido pode designar o cargo de governador de uma província persa (veja Esd 8,36; Est 3,12). Mas o termo nem sempre é tão específico. No livro de Ageu nem pode referir-se a um governador, já que, em 520, Judá ainda estava integrado à província persa da Samaria. Judá recém foi desmembrado sob Neemias, em meados do 5º século. Zorobabel não é, pois, governador, mas "intendente" / "comissário". A esse Zorobabel nosso livro atribui grande destaque. Sempre encabeça as menções dos nomes e é alvo da promessa decisiva em 2,20-23.

Josué, ou, conforme Esdras 2,2; 3,2 etc., Jesua, é neto do último sacerdote antes da destruição do templo, em 587 (2 Rs 25,18-21; 1 Cr 5,40s). Seu título, sumo sacerdote, confere-lhe autoridade na área do santuário (confira 2 Rs 22,4 e 23,4). Também Josué retomara do exílio (Zc 3).

Chama a atenção que nossos redatores só mencionem duas pessoas como ouvintes, quando é pouco provável que os diversos ditos proféticos dos v. 2+4-11 sejam dirigidos a eles. Aliás, já o primeiro dito (v. 2+4) por certo não se direciona a eles. Até mesmo se poderia questionar se algum dos ditos dos v. 2+4-11 visa o "intendente" e o "sumo sacerdote". Ao menos nenhum lhes é específico. Parece-me, pois, mui provável que o endereçamento da profecia de Ageu a Zorobabel e a Josué em 1,1 e, se bem que ampliado para um grupo maior, em 1,12.14; 2,2 corresponde à perspectiva dos redatores! Ageu parece ter tido em vista grupos maiores, tanto em 1,2.4-11 quanto em 2,1-9.10-14.15-19. Para os colecionadores, Ageu é semelhante a Natã (2 Sm 7; 12) ou a Elias (1 Rs 21) ou ainda ao Jeremias de seus cap. 21—23 e 36—38. Está voltado para os governantes (à semelhança de um conselheiro). Contudo, esta é, no livreto de Ageu, a perspectiva dos narradores. Exceto em 2,20-23 – e aí por motivos óbvios –, Ageu é profeta do povo.

Embora o livro de Ageu, como também o de Zacarias (veja Zc 1,1), não tenha sobreescrito, as informações fornecidas -no primeiro versículo são pertinentes ao todo do escrito. Aliás, a colocação de nova introdução no v. 3 para os v. 4-11 reforça essa ideia de que o v. 1 também faz as vezes de começo do livreto. Por desempenhar essa função e por provir dos colecionadores, não há de estranhar que os *v. 2+4* não são propriamente a continuação do v. 1 ou do v. 3. Esperar-se-ia que os v. 2+4, de fato, interpelassem Zorobabel e Josué. Contudo, não é o que ocorre: "este povo" do v. 2 e o "vós" do v. 4, evidentemente, não são Zorobabel e Josué.

E quem é "este povo"? Trata-se de uma questão tão central quanto difícil. A própria disputa profética contra eles, nos v. 2+4, terá de fornecer a resposta. A citação das palavras de "este povo" (v. 2b) e sua refutação em tom de ironia (v. 4) terão de elucidar quem é o interlocutor de Ageu nesses dois versículos.

Ageu cita. Quando um profeta se vale desse recurso, quer desnudar seus oponentes. Cita-se justamente para acirrar a polêmica e levar a denúncia ao ápice (veja por exemplo Am 4,1 e Mq 3,5.11). Para Ageu, o auge de suas denúncias é o v. 2. Sua profecia e seu panfleto existem para rebater a afirmação manifesta por "este povo" no v. 2! Nesse sentido, esse nosso versículo, realmente, é o moto de nossa unidade e do livreto. Ageu atuou para contradizer o que é citado no v. 2. E o que é afirmado no v. 2?

"Este povo" não nega, em princípio, a reconstrução da "casa de Javé", isto é, do templo de Jerusalém. Nega que "agora" seja "tempo" propício, seja o "momento" apropriado. Em sua avaliação da conjuntura, o tempo não chegou, não está maduro.

No v. 4, temos a refutação. Nela o profeta não contrapõe uma afirmação. Não debate o assunto em nível de proposta. Assenta a posição de "este povo" nos fatos. Verifica a base real da argumentação dos opositores. Vivem muito bem em casas, cujas paredes estão forradas, revestidas, apaineladas. "Casas apaineladas/revestidas" são símbolos de abastança e requinte (Jr 22,14; 1 Rs 7,3.7). As pessoas dessas casas luxuosas prescindem do templo. Seu tempo está dedicado a seu requinte e a seus interesses. Por eles, "esta casa", isto é, o santuário, permanecerá em ruínas (confira Esd 3-4?).

Verificados os conteúdos expressos nos v. 2+4, podemos retomar à pergunta pela identidade de "este povo". Não me parece haver dúvida de que não são simplesmente todos os habitantes de Jerusalém e Judá. De acordo com o v. 4, são os mais bem situados, os ricos em Jerusalém: funcionários persas, comerciantes, grandes criadores de ovelhas. Estes se opõem ao novo templo. Preferem ver em ruínas a casa de Javé. Investem seu tempo em suas casas finas, não no templo. E a quem interessa o templo? Penso que os *v. 5-6* nos dão valiosos esclarecimentos a respeito.

Os interlocutores dos v. 5-6 não são os dos v. 2+4. Há indícios que o confirmam: "este povo" se negara a entender o "agora" / "momento", enquanto os ouvintes dos v. 5-6 são convocados a entendê-lo. Os v. 2+4 foram disputa; os v. 5-6 são apelo à reflexão: "colocai vosso coração sobre vossos caminhos". Nesse apelo, o "coração" é sede de atenciosa reflexão e os "caminhos" são a situação reinante. A verificação atenta da situação mostrará que é "agora" a hora de construir. Percebe-se aí que o advérbio "agora" tem um sentido deveras qualificado. Marcara presença na citação dos oponentes (no v. 2) e encabeça a introdução nos v. 5-6. "Agora" é um conceito teológico. Assinala o tempo presente como tempo decisivo (veja também 2,4.15). Compreendê-lo é o que importa. A situação presente contém os sinais que requerem ser observados. O v. 6 apresenta-os.

Nesse v. 6, é descrita a miséria dos interpelados. (Fala-se, pois, do oposto do v. 4!) A carência aparece em três setores distintos:

1. Por um lado, na colheita: "semeastes muito, mas colhestes pouco". A semeadura abundante não foi recompensada por colheita farta (veja 2,16). Essa defasagem se deve à adversidade da natureza, à seca mencionada nos v. 10-11 (confira 2,17).
2. Por outro lado, no consumo: "comestes, mas não para fartar-vos; bebestes, mas não para saciar-vos; vos vestistes, mas não para aquecer-vos". Trata-se aí das consequências da seca: fome, sede, frio. O cereal colhido – muito aquém das expectativas (2,16!) – é pobre em nutrientes. Não mata a fome. A água que ainda resta já não enfrenta a sede. As roupas de linho ou lã de baixa qualidade não aquecem. A situação está precária. Crassa subnutrição e miséria.
3. Enfim, no salário: "o assalariado assalaria-se para dentro de um saquitel furado" (confira Zc S,1O). A carestia consome o salário. A falta de alimento e sua má qualidade corroem o salário que, ao ser guardado no "saquitel" ou na "bolsa", a cada dia diminui, como se houvesse furos na "carteira".

É patente quem são as pessoas interpeladas nesses v. 5-6. São camponeses – "semeastes ... colhestes" – e assalariados – "o assalariado assalaria-

-se...”–, famintos e subnutridos. Justamente nesses empobrecidos, Ageu põe esperança! Sua profecia dirige-se ao “coração”, à reflexão dos pobres. A eles apela. Conta com sua capacidade de discernir o “agora” / momento.

A essa gente empobrecida também está dirigida a próxima subunidade, os *v. 7-8*. Sua introdução quase é idêntica à da subunidade anterior (confira v. 7 com v. 5), o que já indica que v. 5-6 e v. 7-8 objetivam o mesmo tipo de gente. Além disso, observo uma clara sequência entre uma e outra subunidade: os v. 5-6 são análise de situação; os v. 7-8 são a proposta para sua superação. Os imperativos (v. 7-8) derivam da realidade constatada (v. 5-6).

Três imperativos esmiúçam a tarefa. “Subi a montanha” certamente não visa uma ida ao Líbano (como ocorrera nos tempos de Salomão, confira 1 Rs 5,1s), mas às montanhas nas cercanias de Jerusalém, onde, na época, ainda existiam matas (veja Ne 2,8 e 8,15). De lá, “trazei madeira”. Embora o templo fosse de material, de alvenaria, diversas partes eram de madeira, além do que se necessitava de madeiras para a preparação da construção. A ordem decisiva que estabelece o objetivo é: “construí a casa”. “Casa” aqui evidentemente é o templo.

Esses três imperativos, que detalham a proposta de Ageu, são secundados pela promessa, expressa por dois verbos. Por um lado, Javé “se agradará” da casa. Esse verbo é sintomático. Integra a terminologia sacrificial: por meio dele se costuma qualificar um sacrifício como aceito por Deus e a ele agradável (veja Lv 19,7 e 2 Sm 24,23).

Portanto, a edificação do templo assemelha-se a um sacrifício. Agrada a Javé. Por outro lado, Javé “será glorificado” por meio da casa. Essa afirmação é abrangente. O templo aparece como local da visualização da “glória” divina (2,7.9; Ez 43). Contudo, em nosso versículo, a glorificação de Javé não só implica um espetáculo fascinante. Afinal, a “glória” desse nosso v. 8 é o contrário da miséria descrita no v. 6. Inclui, portanto, alimento farto e salário digno.

O conceito da glória assume essa dimensão concreta também em 2,9 e, por extensão, em 2,19. Em Ageu, a exaltação de Javé, no templo, concretiza-se numa natureza favorável e em gente sem fome.

As duas subunidades de v. 5-6 e v. 7-8 estão vinculadas. A conclusão solene do final do v. 8 – “disse Javé” – vale para ambas. Nos v. 5-6, temos análise; nos v. 7-8, a proposta. Verifica-se pobreza; diagnostica-se sua origem na adversidade da natureza. Prognostica-se construção do templo como superação. O tempo de penúria exige um novo templo! Agora é hora!

O *v. 9* continua o enfoque desses v. 5-6 e v. 7-8? Está dirigido aos senhores abastados dos v. 2+4 ou aos camponeses empobrecidos dos v. 5-6 e v. 7-8? A resposta não é fácil, também porque a própria formulação do v. 9 tende a generalizar. Ainda assim, há o que indica que os interlocutores sejam os mesmos dos versículos anteriores.

O v. 9a retoma o v. 6, alterando, porém, a terminologia. Grande era a expectativa por colheita, mas pouco foi colhido (confira 2,16). E o pouco que foi colhido e levado para casa foi dissipado por Javé, isto é, no concreto era de péssima qualidade nutricional (v. 6).

A resposta à busca pela causa de tamanho insucesso (v. 9b) compõe-se de duas afirmações. Uma aponta para o templo em ruínas como motivo da miséria. A outra, para a desunião dos empobrecidos. A colheita frustrada deixou atrás de si camponeses sem alimento. Apesar disso, cada qual continuava a "correr no interesse de sua casa", de sua família, de suas necessidades particulares. Fome e desorganização aparecem como sinônimos. A proposta de Ageu visa superar ambos. Refazendo o templo, espera refazer o povo camponês, espera reagrupá-lo.

O v. 9 difere, pois, do v. 4. Lá o luxo de "este povo" impedira ver as ruínas do templo. Aqui a miséria dos camponeses e sua desorganização têm o mesmo efeito. Ageu se dirige a uns e a outros, mas sua esperança são os camponeses; busca convencê-los – "dirigi vossa atenção à vossa situação" (v. 5.7).

Os *v. 10-11* se referem aos versículos anteriores. Em especial indicam a razão da má colheita (v. 6.9a). Falta alimento, porque Javé provocou seca, em reação ao descaso pelo templo em ruínas. Esse é o conteúdo dos v. 10-11. É interessante que esse conteúdo simples requeira dois versículos e uma linguagem repetitiva, figurativa e quase cerimoniosa.

O v. 10 se refere à seca, sem mencioná-la. "Céus" e "terra" como que foram aprisionados e detidos (confira Gn 8,2; Ez 31,15; Ecl 8,8). Os "céus detiveram de sorte que não caísse orvalho". Na Palestina, o "orvalho" é fundamental para a natureza (Gn 27,28s; Os 14,6), por isso aparece aqui em lugar da chuva. Em consequência à falta de orvalho/chuva, "a terra/roça reteve seu fruto/produto". Dessa falta do "fruto" da roça falaram o v. 6 e o v. 9 (veja 2,16).

O que fora circunscrito por figuras no v. 10 é identificado no v. 11: a "seca"! Javé a "chamou" / "convocou" (veja Sl 105,16 e 2 Rs 8,1). No mais, o v. 11 se estende a enumerar os atingidos pela seca. Primeiro é citada a própria terra

(terra"/solo e montes), depois as plantas em ordem crescente de importância (cereal, mosto, óleo) e, por fim, "pessoas" e "animais". A listagem pretende ser completa. Por isso, no final, adiciona: "todo trabalho/produto das mãos", para dar ênfase à abrangência dos danos causados pela seca.

Tanto o v. 10 quanto o v. 11 concluem falando do "produto". A ele se referiam os v. 6.9. Portanto, estes nossos dois versículos que arrematam o discurso profético dos v. 2+4-9, de fato, explicam a causa da falta do produto, a causa da miséria camponesa.

Em resumo, nos v. 2+4-11, Ageu apresenta a carência em produtos, em especial em alimentos, como efeito principal da seca, cuja causa é o templo em ruínas. No original hebraico, nossa unidade até chega a ser perpassada por um belo jogo de palavras: "seca" (v. 11) é *horeb*, "ruína" (v. 4.9) é *hareb*! A "ruína" / *hareb* levou à "seca" / *horeb*! Para reverter essa situação, há que construir o templo. Esta é a questão no primeiro capítulo de Ageu.

Nos *v. 12-15a*, nos são relatados os efeitos do discurso profético. Retomamos, pois, à companhia dos compiladores/redatores, conhecidos do v. 1+3. Apresentam-nos os efeitos em três cenas:

A primeira cena (v. 12) mostra que o discurso profético desencadeou algo nos ouvintes. Essa reação é definida com dois verbos: "ouviram" e "temeram". Aqui, "ouvir" não é só uma percepção acústica. Inclui a compreensão do que se escuta: "ouviram", isto é, "entenderam". Por ouvirem/ entenderem, "temeram", isto é, foram tomados de pavor e espanto. A profecia abrira seus olhos para uma dimensão da realidade que lhes estivera oculta. Não haviam percebido a relação entre seca/miséria e as ruínas do templo; não se deram conta da ira e do castigo que Javé promovia por meio da natureza por causa do descuido com o santuário. Ageu lhes revelara essas relações. E entraram em pânico. A origem desse "temor" era, pois, a profecia. Nossos narradores se esmeram em especificar a qualidade da fala profética. Os v. 2+4-11 são: "voz de Javé, seu Deus, e palavras do profeta Ageu, como Javé, seu Deus, lhe ordenara". Essa cuidadosa definição da profecia de Ageu está a indicar que houve quem contestasse sua veracidade. Por isso, importava acentuar que a fala profética era "voz de Javé". Ele "enviara" Ageu, ordenara-o, como enviara os grandes profetas do passado (veja Ex 3,12.14; Is 6,8; Zc 4,9). Embora esses termos qualifiquem a fala profética, nosso v. 12, de modo algum, identifica profecia e voz de Javé. Distingue-os, com nitidez. A "voz de Javé" acontece por meio das "palavras de Ageu".

Reagem à fala profética os que haviam sido seus endereçados no v. 1: Zorobabel e Josué e, além destes, "todo o resto do povo". No final do v. 12, esse "resto do povo" é abreviadamente chamado de "o povo". O mesmo sucede no v. 13. Quem é "todo o resto do povo" / "o povo"? Há quem o iguale a "este povo", aos bem aquinhoados dos v. 2+4. Essa identificação não só é desautorizada em 2,4 (veja a seguir), mas também não confere com o próprio discurso profético dos v. 5-11. Este estivera dirigido aos camponeses empobrecidos; fazia-os ver a necessidade de construir o templo. Esses camponeses judaítas são o "resto do povo". São os remanescentes, os que não foram deportados em 597 e 587, como se pode constatar em Sofonias 2,3.9; 3,12; Jeremias 39,10; 40,9-12; 42,2; 2 Reis 25,12; Zacarias 8,6.11-12; Neemias 1—3 (diferente Is 46,3; 49,21).

A segunda cena (v. 13) faz frente ao espanto. O v. 12 concluíra enfocando a paralisação dos ouvintes. Essa crise é o contexto do "dito divino" (dito de Javé) no v. 13: "eu mesmo estou convosco". Trata-se de uma promessa. Assegura a presença benévola de Deus para a superação de ameaça e temor (confira também Is 41,10; 43,5; Jr 1,8-9). Dá a certeza da companhia e da bênção de Deus (veja 2,9.19). No geral, o discurso profético dos v. 2+411 não discorria sobre a proximidade de Deus. Exceção seja feita ao final do v. 8 ("me agradarei, serei glorificado"). Seu conteúdo se assemelha ao do v. 13b. No mais, nosso v. 13 é o oposto da fala profética do cap. 1. Aproxima-se antes do que lhe segue. Os versículos subsequentes são seu desdobramento. Pode-se até dizer que o v. 14 e o cap. 2 são o detalhamento do que seja a promessa: "eu estou convosco".

Mas, antes de verificarmos esse v. 14, devemos atentar para a introdução à promessa da presença salvífica de Javé. Essa introdução volta a definir Ageu. Agora não o faz nas categorias de um profeta que, de acordo com o v. 12, simultaneamente diz a palavra de Deus sem ser Deus, mas nas categorias do mensageiro. Ageu é "mensageiro de Javé", está no "cargo de mensageiro de Javé". Essa dupla caracterização mostra quão interessados estavam os mensageiros em definir Ageu como "mensageiro", como encarregado e representante de Javé. "Mensageiros" – as traduções costumam falar em "anjos" – são frequentes em textos bíblicos (Gn 16,7; 19,1; Jz 6,22 etc.), mas poucas vezes são mencionados em conexão com a profecia (veja Zc 1,9.12; 2,2 etc.), e raramente um profeta é chamado de mensageiro (além de nossa passagem confira ainda Ml 1,1 e 3,1). Não é pois usual aplicar o conceito "mensageiro" a profetas. Contudo, de acordo com sua tarefa um profeta é, exatamente, um mensageiro, alguém "enviado" (v. 12), cujas palavras são introduzidas por "fórmulas do dito de mensageiro" (confira Gn 32,3-5; Jz 11,12-28). No tocante a essas fórmulas nossos versículos, como de restante todo livro de Ageu, são insistentes. Frequente é a "fórmula do dito de mensageiro" – "assim disse Javé dos Exércitos" ou "disse Javé": 1,2.5.7.8; 2,6.7.9.11. Predominante é a "fórmula do dito divino" (dito de Javé), em especial no cap. 2: 1,9.13; 2,4(3x).8.9.17.23(3x). Essas fórmulas certamente eram usadas pelo próprio profeta em seus pronunciamentos públicos. Com elas, assinalava a origem divina de sua fala. Contudo, também é possível que os redatores do livro tenham tido alguma predileção por essa fórmula. No uso repetitivo, quase litúrgico da "fórmula do dito divino" (dito de Javé), no cap. 2, esse parece ser o caso. Afinal, a predileção pelo conceito do "mensageiro" no v. 12 e no v. 13 até sugere que se atribua aos colecionadores o interesse em apresentar Ageu como mensageiro. Pelo visto, o conceito do "profeta" visivelmente não foi tido como suficiente para identificá-lo. O conceito do "mensageiro" qualifica-o melhor.

A terceira cena (v. 14) explicita a promessa do v. 13: "eu estou convosco". De acordo com o v. 14, a presença salvífica de Javé implica, no concreto, nova postura e nova prática da parte dos ouvintes. Nosso versículo dá destaque à nova postura. Em sua origem está a ação de Javé. Ele "desperta/excita/suscita o espírito". Quando o Antigo Testamento usa essa expressão, designa com ela posturas e ações como dinâmicas e vigorosas (confira Jr 51,11; Esd 1,1.5 etc.): "Espírito" equivale, em tais casos, a vontade ou decisão. É a "central" das ações humanas. A presença de Javé (v. 13b) aciona e ativa, pois, uma postura decidida e deliberada em favor do templo.

A consequência prática desse suscitamento é o início das obras: "vieram e se puseram ao trabalho". Talvez não seja mero acaso que nosso v. 14 diga que os que trabalharam no templo "vieram". Acontece que na maioria esses trabalhadores voluntários eram camponeses que viviam ao redor de Jerusalém. Tiveram de "entrar" e "vir" para dar início aos trabalhos no "templo de Javé". Ainda não se trata propriamente do começo das construções. Estas foram iniciadas no 24º dia do 9º mês (em dezembro), conforme 2,18 (confira abaixo). Nosso v. 14 só se refere às arrumações na área do templo repleto dos escombros e dos entulhos deixados pelas destruições de 587, e à reunião de madeirame, necessário para a obra. Esses trabalhos preparatórios iniciaram no 24º dia do 6º mês (v. 15a), isto é, em 21 de setembro. Portanto, a decisão para o início das obras não foi tomada de um dia para outro. Amadureceu. Foi tomando forma, a partir do início da atuação de Ageu, no 1º dia do 6º mês, concretizando-se no 24º dia do mesmo mês. O cap. 1 abarca, pois, um processo de anúncio profético e de sua assimilação pelos ouvintes. Nem a profecia de Ageu nem a resposta a ela restringem-se a um momento.

Em resumo

O cap. 1 forma uma unidade. Constituem-na os v. 1+3 e v. 12-15a, em seu começo e final. Esses versículos são obra de compiladores. O cap. 1 é, pois, uma unidade literário-redacional. O discurso profético (v. 2+4-11) contido nessa unidade redacional não é tão unitário. Compõem-no breves ditos proféticos ou pequenas subunidades (v. 2+4, v. 5-6, v. 7-8, v. 9, v. 10-11), cada qual dirigido a um auditório peculiar em circunstância específica. Por ser uma conjugação redacional de ditos, sua coesão e concatenação deixa a desejar. O cap. 1 é, pois, obra de redatores. Sua matéria-prima são, porém, as palavras de Ageu. Esta nossa unidade não abarca só um momento da atuação profética. Enfoca a trajetória de um mensageiro. Descreve um processo de anúncio e escuta, de pregação e reação. Esse processo durou do 1º dia ao 24º dia do 6º mês do 2º ano de Dario (de 29 ago. 520 a 21 set. 520). Há uma sensível diferença no que tange ao endereçamento. Para os redatores (v. 1.3.12-15a), a profecia é veiculada inicialmente aos representantes do povo (Zorobabel e Josué) e, a seguir, a "todo o resto do povo". No discurso profético (v. 2.4-11), há dois interlocutores distintos: os setores mais abastados de Jerusalém (v. 2+4) e os setores campesinos pauperizados (v. 5-11). Ageu aposta nestes últimos. O conteúdo da profecia de Ageu culmina na proposta de reedificação do templo, em ruínas desde sua destruição pelos babilônios em 587. Essa construção implicará simultaneamente reorganização do povo (v. 9, confira v. 12-14) e, em especial, superação de empobrecimento, penúria, fome. A pauperização é atribuída, principalmente, à adversidade da natureza, à seca.

A construção do templo se torna possível e até necessária a partir da ordem do mensageiro profético e da promessa da presença de Javé (v. 13b). Nesse sentido, o templo não é causa, mas consequência da presença de Deus por meio da profecia e do oráculo salvífico. O santuário visualiza essa proximidade e, por sua vez, implica expectativa de transformação da situação de miséria.

A temática do cap. 2 é esse novo. A atuação de Ageu em prol da restauração do povo de Deus aconteceu no contexto da dominação do império persa, recém-saído de uma crise de sucessão. Como se relaciona a proposta de Ageu aos senhores do mundo de então? O cap. 1 não delineia essa questão, mas já acena para ela ao iniciar com referencial político: "no 2º ano do rei Dario". O cap. 2 explicá-la-á.

3. FICAI FIRMES! TRABALHAI! (1,15B-2,9)

Três são as unidades que compõem o livreto de Ageu. Víamos que a primeira (1,1-15a) encaminha a questão; prepara o terreno. A segunda, que agora enfocamos (1,15b—2,9), situa-se no centro do livro. Há de ter uma importância toda especial. Vejamos sua tradução:

> [15]No 2º ano do rei Dario, [1]no 7º mês, no 21º dia, aconteceu a palavra de Javé através do poder do profeta Ageu, dizendo:
>
> [2]Dize a Zorobabel, filho de Salatiel, intendente de Judá, e a Josué, filho de Josedec, sumo sacerdote, e ao resto do povo, dizendo:
>
> [3]Quem restou dentre vós que viu esta casa em sua primeira glória? Como vós a estais vendo, hoje? Não é como nada a vossos olhos?
>
> [4]Agora,
> sê firme, Zorobabel, dito de Javé,
> sê firme, Josué, filho de Josedec, sumo sacerdote,
> sê firme, todo o povo da terra, dito de Javé!
> Trabalhai!
> Eis, eu mesmo estou convosco, dito de Javé dos Exércitos,
> [5]conforme a palavra que assumi convosco ao sairdes do Egito.
> Meu espírito está parado em vosso meio.
> Não temais!
> [6]Eis, assim disse Javé dos Exércitos:
> Ainda uma vez!
> – Em breve é isso! –
> Eu mesmo abalo o céu e a terra, o mar e a terra seca.
> [7]Abalarei todas as nações.
> Virão as preciosidades de todas as nações.
> Encherei esta casa de glória. Disse Javé dos Exércitos.

[8]Minha é a prata e meu é o ouro, dito de Javé dos Exércitos.
[9]Grande será a glória desta casa, a segunda será maior que a primeira. Disse Javé dos Exércitos.
Neste lugar darei bem-estar, dito de Javé dos Exércitos.

A poesia e sua disposição

Em parte, estes versículos da segunda unidade são poesia. Digo em parte porque o estilo não chega a ser rigorosamente poético. Por vezes, há repetições (v. 4-5.7) – que são a característica da poesia na cultura do Antigo Testamento –, outras vezes não chegam a ser perceptíveis (v. 1-3.6.8-9). Há, pois, poesia, embora esta não perpasse a unidade. Esta mescla entre poesia e uma linguagem mais prosaica talvez advenha da origem desses versículos, ao que retomaremos mais adiante.

Contundente é a sequência. Nossos versículos *foram esquematizados*. Distingo as seguintes subunidades: o texto é encabeçado por uma *introdução* (como em 1,1), composta de 1,15b e 2,1-2. Nela obtemos informações sobre: data (1,15b e 2,1a), envio do profeta (v. 1b) e endereço (v. 2). Visam situar o leitor, em especial quanto aos endereçados. Facilitam-lhe localizar historicamente o conteúdo.

Há uma pequena insegurança quanto à pertença de *1,15b*: "no 2º ano do rei Dario". No texto hebraico, essa informação era entendida como continuação de 1,15a. Mas, efetivamente, já é parte de 2,1. Essa decisão se justifica a partir da comparação de 1,15b+2,1 com 1,1 e 2,10. Cada uma das três unidades do livro se refere ao 2º ano de Dario. As traduções em português via de regra adicionam 1,15b a 2,1.

O *conteúdo* (v. 3-9) é apresentado em três etapas. A primeira (*v. 3*) inquieta com perguntas. Assemelha-se a 1,2. A segunda (*v. 4a*) é marcada por imperativos. Neles está o recado do profeta. A terceira (*v. 4b-9*) fundamenta; justifica as ordens anteriormente dadas. É a parte maior de nossos nove versículos. Abarca mais da metade. Pelo visto, à fundamentação das ordens foi dedicado carinho especial.

Pode-se dizer que essa sequência é fluente. Seu eixo evidente é o v. 4b: "sê firme!", "trabalhai!". Portanto, estamos diante de uma ordem, instrução ou orientação, no contexto concreto da construção do segundo templo. A insistência em sua fundamentação demonstra que se pretende convencer ouvinte e leitor.

Uma composição?

Em nossos versículos, repete-se o que já observávamos em 1,1-15a. Não são uma unidade retórica. Não foram ditos exatamente como estão anotados. São uma *composição redacional* da fala profética. Já passaram do nível do discurso para o da escrita.

Vários indícios comprovam-no. Acima falávamos da mescla de poesia e prosa. Atentemos para mais alguns. A datação introdutória (1,15b + 2,1) é obra dos redatores (como 1,1.12-15a). Tornou-se necessária por ocasião da transformação da fala profética em literatura.

O v. 2 reafirma, em boa medida, o v. 4. Tais repetições teriam sido evitadas caso o texto tivesse sido submetido a uma redação uniformizante. Além disso, o v. 3 interrompe a sequência entre o v. 2 e o v. 4, e, inclusive, não tem em vista as mesmas pessoas dos versículos circundantes.

Nos v. 4b-9 temos um encadeamento de pequenas unidades que embasam as ordens do v. 4a. Juntos pertencem: v. 4b-5, v. 6-7+v. 8, v. 9. Cada pequeno conjunto destes tem sua peculiaridade.

Como já observávamos em 1,1-15a, duas breves fórmulas ajudam a constatar essas subunidades. Refiro-me a "assim disse Javé dos Exércitos" e a "dito de Javé dos Exércitos". À primeira costumamos designar "fórmula do dito de mensageiro" (confira Gn 32,3-5 e Jz 11,12-28) e à segunda "fórmula do dito divino" (veja Nm 24,3-4 e 2 Sm 23,1). A primeira tem uma função precisa nos v. 6-7: introduz e conclui uma subunidade (veja 1,2-3.5). No v. 9a, essa fórmula reaparece, porque nele é retomado o conteúdo dos v. 6-7. A segunda carece de um uso nítido. Às vezes encerra um pequeno conjunto. É o que temos nos v. 8 e 9. Porém, com frequência maior encontra-se em meio à subunidade, provavelmente para reforçar a afirmação precedente, como nos v. 4 e 5. Portanto, em parte, essas duas pequenas fórmulas auxiliam a distinguir as diversas subunidades. E, em parte, seu uso não obedece a um rigor especial. Ambas, de certo modo, já se aproximam de refrões costumeiros, como que litúrgicos, como sucede em alguns textos do livro de Jeremias (confira Jr 2,3.9; 4,9 etc.).

Nossa segunda unidade é, pois, obra literária. É uma espécie de colagem de pequenos conjuntos. Foi preparada para o leitor. Essa composição gira em torno do v. 4a: "ficai firmes! trabalhai!". Para lá conduzem os primeiros três versículos (v. 1-3) e lá se originam as fundamentações subsequentes (v. 4b-9). O v. 9 funciona como conclusão. Para lá conflui a composição.

7º mês, 21º dia

Os números dessa datação já em si são significativos. Na ponta, está o número sete. E, afinal, 21º compõe-se de 3 x 7. Nos tempos de então, tais algarismos tinham sua auréola. Estamos diante de números plenos! O número sete é especialmente completo.

Ao situarmos esta data, seu significado toma-se ainda mais contundente. A partir do 15º dia do 7º mês, realiza-se a festa dos Tabernáculos (confira Ex 23,16; Lv 23,33-43; Ez 45,25; Zc 14,16). Estende-se por sete ou – de acordo com Levítico 23,39 – oito dias. O 21º dia é, pois, final e ápice da *festa dos Tabernáculos*! E nele situa-se nossa perícope!

Essa festa comemora a colheita. Celebra, em particular, a colheita das frutas, no outono (Dt 16,13). Este é seu motivo original. Ao passar do tempo, foram-lhe acrescidos novos significados. Em especial em tempos mais antigos, assinalava a virada do ano. Era um tipo de festa do ano novo (Ex 23,16). Os sacrifícios eram abundantes (Lv 23,36-38; Ez 45,25). Em tempos mais recentes – exílicos e pós-exílicos – foram pormenorizados certos detalhes (Lv 23,39-43; Ne 8,14-17). Passa-se a memorizar, também nessa oportunidade, a libertação do Egito (Lv 23,43, confira Os 12,10). O próprio habitar em tendas recorda as peripécias dos migrantes seminômades, libertos da opressão egípcia.

Nossos versículos cabem nesse contexto. Neles transpiram caracteres da festa dos Tabernáculos: o entusiasmo pelo santuário ou a expectativa de grandiosas dádivas para o templo (v. 7) ou ainda a referência ao êxodo (v. 5) acomodam-se muito bem ao ambiente festivo, no 7º mês. Nossa perícope tem clima de festa. Vive com a expectativa à flor da pele.

Constatávamos acima que nosso texto há de ser uma composição redacional. Reúne diversas falas, dirigidas a diferentes ouvintes. Penso que a explicação para esse fenômeno pode ser a seguinte: nossa composição sintetiza a atuação profética no decorrer da semana da festa das Tendas.

Para realçar, os redatores atribuíram as diferentes unidades menores ao último e mais significativo dia das festividades. A fixação de toda a perícope no 21ºdia parece, pois, corresponder à intenção dos compiladores.

"Ficai firmes! Trabalhai!" – Os conteúdos

Há pouco menos de mês, haviam iniciado as obras no templo. No 24º dia do 6º mês, isto é, em 21 de setembro de 520, começaram os trabalhos (1,15a). Encontramo-nos no 21º dia do 7º mês, isto é, em 17 de outubro de 520 (*1,15b* + *2,1a*). Nas obras, pouco se há de ter avançado. As festividades – modestas, como correspondia ao momento exílico e pós-exílico (Jr 41) – deram margem a muitos encontros e a outras tantas conversas. Em meio às expectativas de festa, falava-se sobre a reconstrução do santuário. A fala profética de 2,1-9 está situada em meio a essas conversas. Delas emerge. Condensa-as. E, em especial, qualifica-as. Ageu não é, pois, uma conversa a mais. Fala a partir da palavra de Deus que lhe aconteceu (*v. 1b*).

É enviado! O v. 1b, "aconteceu a palavra de Javé através do poder do profeta Ageu", repete 1,1 e 2,10 (veja lá). Ageu é enviado para ouvintes específicos. O capítulo 1 no-los apresentara: Zorobabel, Josué e o resto do povo (confira acima). Nosso *v. 2* volta a nomeá-los e a identificá-los.

Deve ser-lhes dirigida a palavra: "dize!". Devem ser interpelados. Isso é uma consequência do capítulo 1. Lá pessoas foram preparadas, "despertadas" (1,14). Agora, tomam-se ouvintes. No capítulo 1 fala-se sobre Zorobabel, Josué e o resto do povo; aqui fala-se a eles. Há, pois, uma progressão em seu papel. Nisso se denota a mão dos redatores.

Esperar-se-ia que, em continuação ao v. 2, fosse citado o conteúdo da palavra dirigida às pessoas em questão. Este somente vem no v. 4. O *v. 3* de certo modo é um momento retardante. É uma interrupção. Ela entra em diálogo com uma parcela do "resto do povo", com os mais idosos que ainda viram, com seus próprios olhos, o templo destruído, em 587.

Há quem pense que o v. 3 critique os anciãos, saudosistas do templo salomônico. Neste caso, não deveria citá-los, como ocorre em 1,2? Bem mais provável é outra interpretação: o v. 3 é uma provocação profética. Visa alertar para a diferença entre primeiro e segundo templo. Os anciãos são capazes de testemunhá-la. Viram a "glória" do templo salomônico; veem o "nada" das obras iniciadas há menos de mês. Aquele primeiro fora sustentado pelo Estado; este é construído por lavradores empobrecidos e famintos (cap. 1). Aquele era protegido como santuário real; este é templo de uma cidade sem muro (Zc 2,1-5!). O templo ao qual se refere a profecia de Ageu não passa de uma capela aldeã. Por ser tão singelo, este segundo templo necessita da animação e orientação. Esta é a função do *v. 4a*, que é, propriamente, a continuação do v. 2. Nesse v. 4a está o cerne de nossos versículos. Visa a continuação dos trabalhos após as comemorações. É, por assim dizer, um sermão dado no "domingo" com vista à "segunda-feira".

Esse v. 4a cita, uma vez mais, nominalmente as pessoas interpeladas. Nisso repete o v. 2, contudo com duas variantes interessantes.

Em vez de ser identificado de acordo com sua filiação e sua função, como até aqui era praxe (1,1.12.14; 2,2), a menção a Zorobabel é seguida pela fórmula "dito de Javé". Isso destaca o davidida dentre os demais. Vê-se aí que o auge do livro, isto é, 2,20-23, está sendo preparado.

Outra variante reside em que "o resto do povo" (2,2) – "todo o resto do povo" em 1,12.14 – seja substituído por "todo o povo da terra". Esse pormenor permite identificar melhor quem seja "o resto do povo", pois sabemos que "o povo da terra" são os camponeses livres, isto é, com acesso à terra cultivável e, em consequência, à cidadania (veja Gn 23,7; 2Rs 23,35 etc.). Por vezes, diz respeito a agricultores mais bem situados e influentes (2 Rs 21,24 e Ez 22,29), mas nem sempre (Ex 5,5; 1 Rs 11,14; 2 Rs 15,5). Em Ageu, "o povo da terra" são os camponeses de modo geral (Zc 7,5; Ez 39,13; 46,3.9). Justamente não são os mais abastados (1,2). "O povo da terra" e "o resto do povo" são, pois, *sinônimos* em nosso profeta. Um diz respeito à condição sociológica, outro à qualidade teológica.

Especialmente, insistente e enfático é o v. 4a no tocante ao conteúdo. Dirige seu apelo – "sê firme!" – a cada um dos envolvidos na construção. Conclui instando todos eles: "trabalhai!". "Ser firme" é "estar desperto" (1,14); consiste em uma atitude de tenaz persistência. Seu conteúdo concreto é "trabalhar" (confira 1 Cr 28,10.20; Zc 8,9.13). Nosso v. 4a desafia, pois, para a continuação do que fora constatado em 1,14. O apelo ao trabalho é assim a *torah*, isto é, a orientação prática, no auge da festa dos Tabernáculos.

O cumprimento dessa ordem decide a história, o futuro. Por isso, nossa *torah* é introduzida por: "e agora". Como em 1,5 e 2,15, esse advérbio não só marca tempo. Qualifica-o como decisivo, como carregado e denso. Agora, o templo, esta capela aldeã, decide a história. Dessa perspectiva, torna-se também compreensível o porquê, a partir do v. 4b, o texto está voltado para a fundamentação. O imperativo é tão urgente e denso que precisa ser amplamente justificado, para que as pessoas se convençam. Os *v. 4b-9* fornecem essa base sólida para a palavra de ordem do v. 4a. Neles estão compilados – como víamos – diferentes argumentos.

Juntos pertencem os *v. 4b-5*. Dão partida à fundamentação. Seus conteúdos aproximam-se de 1,12-14. São introduzidos pelo asseveramento da presença divina ("eu mesmo estou convosco"; confira 1,13), sublinhado pela solene fórmula do dito divino – "dito de Javé dos Exércitos".

A rigor, o mesmo sentido de afiançar a proximidade de Javé tem a concessão do espírito divino – "meu espírito está parado em vosso meio". Ele é concedido à comunidade toda, como em tantas passagens pós-exílicas (por exemplo em 1,14 e Jl 3,1-5). A presença do espírito é expressa, aqui, de modo surpreendentemente estático. É como Se estivesse "parado". É como uma coluna (veja Ex 13,21-22), fincada na comunidade, dando-lhe estabilidade. Também o oráculo de salvação (não temais!) visa garantir um âmbito de tranquilidade, firmeza e alento (1 Cr 22,13; 28,20; 2 Cr 32,7; Zc 8,13.15).

Como se vê, nas expressões dos v. 4b-5, até aqui abordadas, predomina uma teologia da presença do divino. Poderíamos chamá-la de teologia do bem-estar ou da paz (v. 9b, veja adiante). Tem matizes cúltico-estáticos. Tanto mais surpreende o v. 5a: "conforme a palavra que assumi convosco ao sairdes do Egito".

Nele a ação histórica de Javé é critério e modelo da presença atual! E eis que esse critério recorre ao êxodo! Na libertação da opressão faraônica, Javé assumiu o compromisso (a palavra) de ser o Deus de um povo de escravos libertos (Ex 3,14; 6,7; 20,2; Os 13,4-5 etc.). Sua atual promissão de presença encontra-se na sequência daquele evento fundante em favor dos oprimidos.

Portanto, nossa pequena unidade (v. 4b-5), que dá partida à cadeia de fundamentações em prol da reconstrução do templo, apresenta interessante mescla entre uma teologia histórica e uma espiritualidade cúltica, esta orientada na presença do Deus que abençoa o trabalho, aquela preocupada com a perspectiva libertadora dessa presença. Em todo caso, nossos v. 4b-5 fundamentam o apelo ao trabalho pelo santuário, recorrendo à presença atual de Deus em meio à comunidade. Outro é o enfoque dos v. 6-7, introduzidos e concluídos por "fórmulas do dito de mensageiro" – "assim disse Javé dos Exércitos", "disse Javé dos Exércitos". Sua perspectiva é o futuro, no qual Javé alterará o presente. Este está por irromper. A transformação é iminente. Dar-se-á "em breve" (v. 6)! Assim retoma a perspectiva que encabeça o apelo (v. 4a) e o próprio livro (1,2). Ageu expressa, pois, a iminência de profundas transformações num futuro próximo.

Seus prenúncios serão fornecidos pela natureza. Esta "mais uma vez" – isto é, pela última vez – se abalará, à semelhança de um terremoto (confira Jl 2,10; Jr 4,23-26; Na 1,5). Esse abalo derradeiro, porém, excederá experiências conhecidas de tais fenômenos (terremotos ou maremotos). Tratar-se-á de um abalo da própria criação ("céu", "terra", "mares" e "deserto"). Tais convulsões cósmicas não têm função em si. São prenúncios de radicais alterações na história: serão abalados os povos em sua totalidade (confira Is 14,16; Ez 26,15-16). Contudo, também essa estupenda convulsão da história não é, em si, o objetivo. O alvo é "esta casa". A ela, por um lado, os próprios povos – aparentemente convertidos pelo espetacular cenário cósmico e histórico – levarão, como oferendas, suas preciosidades. Por outro lado, Javé mesmo a encherá de glória, que, aqui, consiste principalmente na exuberante ornamentação e nos preciosos objetos e riquezas (v. 8!) trazidos ao lugar santo (veja Is 2,2-5; 60,5-7; Sl 72,10-11; 1 Rs 8,11). Em relação ao templo aldeão de Jerusalém, decide-se a criação (v. 6) e a história (v. 7). A apocalipse está centrada na casa de Javé!

Esses v. 6-7 são um fascínio, uma apoteose. A comunidade hierosolimita dos dias de Ageu nem comida tinha! E está aí a sonhar sonhos alucinantes!? Porém, essa fascinação apocalíptica dos pobres de Javé não deixa de estar enraizada no real: a reconstrução do templo dava àquela comunidade surrada a experiência de coesão, de organização, de ter um projeto. Além disso, o império persa, de fato, passava por convulsões internas na passagem do poder de Cambises (529-522) para Dario (521-485), o que favorecia quem ansiasse pela derrocada da opressão persa. Havia, pois, sinais - se bem que tênues, quando vistos a distância - que fermentavam o fascínio apocalíptico desses nossos versículos.

Eles são antipersas. Não chegam a explicitá-lo (veja, contudo, 2,20-23!), mas, ao se referir a "todos os povos", têm em vista o domínio universal dos persas. Ao prever a concentração das preciosidades de ouro e prata (v. 8) em Jerusalém, polemizam contra a fantástica acumulação internacional patrocinada pelos sucessores de Ciro.

Nossos versículos são, pois, fala de uma comunidade faminta, extorquida e tributada pelos senhores do mundo de então. Contestam seus verdugos. Constatam que a fome do dia a dia é incompatível com o império persa e sua exuberância.

O *v. 8* é um tipo de ressonância ao final do v. 7. Serve-lhe de uma espécie de adendo. Pretende legitimar o que lhe antecede: é justo que as preciosidades – ouro e prata – sejam doadas ao templo, porque elas são de Javé. Ao virem para a casa, retomam a seu criador, a seu lugar de origem. Desse modo, são simultaneamente inutilizadas. Transformam-se em "glória", em enfeites de santuário. A ideia desses versículos não é, pois, a de que o templo seria o centro da economia internacional. É seu fim! Ouro e prata viram enfeites! Deixam de ser meio de troca!

O *v. 9* tem dupla função. É uma fundamentação a mais para o v. 4a: "trabalhai!". E faz as vezes de conclusão, retomando o que lhe antecede.

No *v. 9b* reencontro os v. 4b-5. A fórmula conclusiva – "dito de Javé dos Exércitos" – é a mesma. E, em especial, o conteúdo asseverado coincide com o dos v. 4b-5. A dádiva do bem-estar e da integridade (*xalom*) do v. 9b é sinônimo da promissão da presença do espírito de Javé (vv. 4b-5). O bem-estar do v. 9 é comunitário. A comunidade é propriamente o lugar em que aparece essa dádiva. O templo condensa e simboliza essa dádiva comunitária. Aliás, a promissão de "bem-estar" (*xalom*) para "este lugar" contém um jogo de palavras com a cidade de Jerusalém. Esta é "a cidade do bem-estar" (Jeru-*salém*). Pelo visto, Ageu está sob a influência das tradições da cidade de Jerusalém, antiga capital do reino de Judá, na atualidade pós-exílica uma aldeia, ainda semidestruída.

No v. 9a reencontro os v. 6-7. A fórmula conclusiva "disse Javé dos Exércitos" e o conteúdo são os mesmos. O v. 9a formula o resultado do v. 7: a "casa de Javé", repleta de objetos preciosos, passa a ser "grande" em sua glória. A glória é "grande" porque se manifesta resplandecente e irradiante. Causa impacto (confira Sl 21,6; 138,5; Is 9,1). Tem perspectiva universal. Esse universalismo tem - como também nos v. 6-7 - seu ponto de referência na casa de Javé. Universal é sua irradiação (veja Is 2,2-5!).

Neste v. 9a também reencontro o v. 3, contudo de modo invertido. Lá a nova construção parecia ser "nada" em comparação à "glória primeira" do templo salomônico. Aqui é prometida a inversão: o novo templo terá resplendor maior do que o antigo.

Constato, pois, que o v. 9 dá um amarramento final à perícope. Em especial, sintetiza a fundamentação das palavras de ordem: "ficai firmes!", "trabalhai!". Os redatores de nosso livreto devem ser os responsáveis pela colocação do v. 9 no final de nossa unidade.

Em resumo

Esta segunda unidade (1,15b-2,9) progride em relação à primeira (1,115a). Lá fora tematizado o início das obras, aqui sua continuação. As ordens para o prosseguimento (v. 4a) são, pois, o acento dessa nova perícope. Por isso são demoradamente justificadas (vv. 4b-9). Tanto o apelo como suas fundamentações mostram que a continuação das obras, recém-iniciadas e provavelmente ainda numa fase de remoção de escombros e entulhos, estava em discussão, por ocasião da festa dos Tabernáculos. A profecia aparece, pois, em nossa unidade, como palavra orientadora e argumentativa nas discussões comunitárias.

À semelhança da primeira unidade, também aqui o sentido do templo é articulado em dupla dimensão. Por um lado, assinala a presença de Javé em meio à comunidade. Aliás, tal presença é a que acaba por possibilitar os trabalhos (1,13-14; 2,4b-5.9b). Por outro lado, assinala o advento de transformações cósmicas (1,10-11; 2,6-7.9a). Ambas hão de estar entrelaçadas com conteúdos da festa dos Tabernáculos, em cujo contexto nossos versículos foram formulados. A novidade dessa segunda unidade reside em incluir em sua perspectiva profundas transformações históricas e internacionais (2,7). Estas inevitavelmente se contrapõem aos interesses persas, os senhores de então. Na terceira unidade (em especial em 2,20-23), essa dimensão estará ainda mais em evidência.

4. NAQUELE DIA: UM NOVO DAVI (2,10-23)

A terceira unidade conclui o livreto. Dá-lhe seu alvo. Fornece-lhe seu ápice! Sua interpretação, em boa medida, decide o sentido da profecia de Ageu. Esse nosso livro profético revela seu significado à luz de seu final. Seu ponto de chegada clareia sua trajetória.

> 10No 24º dia do 9º mês do 2º ano de Dario, aconteceu a palavra de
> Javé ao profeta Ageu, dizendo:
> 11Assim disse Javé dos Exércitos: Pede os sacerdotes por orientação,
> dizendo: 12se alguém leva carne santificada na orla de sua veste e
> toca, com sua orla, o pão, a comida, o vinho, o óleo ou qualquer ali-
> mento, santificá-lo-á? Responderam os sacerdotes e disseram: não!
> 13Disse Ageu: se alguém impuro, devido ao contato com cadáver,
> toca em tudo isso, torná-lo-á impuro? Responderam os sacerdotes
> e disseram: torná-lo-á impuro! 14Prosseguiu Ageu e disse: assim é
> este povo; e assim é esta nação, dito de Javé. Assim é toda obra de
> suas mãos; e o que ali oferecem: isso é impuro!
> 15E agora!
> Dirigi vossa atenção (ao que sucede), desde este dia em diante:
> Antes de colocar pedra sobre pedra no templo de Javé, 16que vos
> sucedia?
>
> Vinha-se a um monte de grãos de 20 medidas e havia 10.
> Vinha-se ao lagar para tirar 50 medidas e havia 20.
>
> 17Atingi-vos com o crestamento, a ferrugem e o granizo em toda
> obra de vossas mãos.
> Eu não estive convosco. Dito de Javé.
> 18Dirigi vossa atenção (ao que sucede) desde este dia em diante,
> desde o 24º dia do 9º mês, isto é, desde o dia em que foi posto o
> fundamento do templo de Javé.

Dirigi vossa atenção:
19Ainda há semente no celeiro?
Ainda há videira, figueira, romãzeira e oliveira que não carrega?
Desde este dia abençoo!
20Aconteceu a palavra de Javé segunda vez a Ageu no 24º dia do
mês, dizendo: 21Dize a Zorobabel, intendente de Judá, dizendo:
Eu mesmo abalo o céu e a terra.
22Derrubarei o trono dos reinos.
Eliminarei a força dos reinos das nações.
Derrubarei o carro e seus condutores.
Cairão os cavalos e seus cavaleiros.
Um soldado (cairá) pela espada de seu companheiro.
23Naquele dia, dito de Javé dos Exércitos:
Tomar-te-ei, Zorobabel, filho de Salatiel, meu escravo, dito de Javé.
Instituir-te-ei como sinete,
eis que a ti escolhi, dito de Javé dos Exércitos.

Uma composição

Lidando com *uma composição*. Isso é evidente. Estes versículos não constituem um discurso nem uma redação unitários. Rupturas e fissuras são flagrantes.

Distinguem-se, de imediato, os v. 20-23. Nada os vincula ao que antecede, exceto a introdução (v. 20), que relaciona essa subunidade aos versículos anteriores (v. 10-19).

A rigor, os v. 10-19 deveriam ser um só conjunto. Comporiam a primeira fala do 24º dia. Mas, ao conferir os v. 10-19 mais de perto, constata-se que contêm dois assuntos muito diferentes, sem vinculações maiores entre si. Tanto os v. 10-14 como os v. 15-19 são em si completos e claros. Os últimos aliás oferecem uma introdução própria: "e agora" (v. 15). Portanto, a terceira unidade de nosso livro, de fato, *agrupa três subunidades*, nitidamente diferenciáveis: v. 10-14, v. 15-19 e v. 20-23.

A junção dessas subunidades há de ser obra dos compiladores, com os quais já nos familiarizávamos nas unidades anteriores. Contudo, aqui sua intervenção é um tanto distinta da que acabávamos de verificar nos v. 1-9. A diferença reside em dois aspectos: por um lado, nossos compiladores separaram os v. 20-23. Destacaram-nos ao designá-los de segunda profecia no 24º dia. Para esses compiladores, que fazem parte dos primeiros intérpretes ou avaliadores, a palavra sobre Zorobabel era a quinta-essência da fala profética de Ageu. Por outro lado, esses compiladores não reagruparam nem mesclaram diversos discursos proféticos, como observávamos em 1,1-15a e em 1,15b-2,9. Limitaram-se a emendar. É, pois, provável que nossa terceira unidade seja a que melhor preserva o discurso original de Ageu, enquanto este já nos chega mediado e modelado por redatores nas duas unidades anteriores.

Lógico, a disjunção entre as três subunidades também não chega a ser completa. Há o que as liga, se bem que os indícios não sejam muitos. Convém realçar as seguintes *ligações*: nas três subunidades, há menção ao 24º dia do 9º mês: v. 10, 18 e 20. É o que as reúne para uma só composição. Comum aos v. 15-19 e aos v. 20-23 também é um verbo que literalmente se traduziria por "colocar": "colocai" / "dirigi vossa atenção" (v. 15.18); "antes de colocar pedra sobre pedra" (v. 18); "colocar-te-ei" / "instituir-te-ei" (v. 23). Alguns pormenores a mais correlacionam as outras duas subunidades, 10-14 e 15-19, embora nenhum chegue a ser de peso: entre a enumeração de alimentos no v. 12 e a de plantas no v. 19 há alguma proximidade. O verbo "carregar" / "levar" aparece nos v. 12 e 19, se bem que em contextos diversos. Nos v. 14 e 17, repete-se a expressão "toda obra de vossas mãos", se bem que com sentidos diferentes. Também a "fórmula do dito divino" (dito de Javé) está presente nas três subunidades (v. 14.17.23; confira v. 11: "assim disse Javé dos Exércitos"), como aliás perpassa nosso livreto. Portanto, ainda que existam certas interligações, estas não chegam nem a ser muitas nem são de peso. Nossa terceira unidade compõe-se, pois, de pequenas unidades justapostas. Comum lhes é o 24º dia do 9º mês. Essas subunidades não chegaram a ser amalgamadas.

Patentes são os *vínculos* dessa terceira unidade *com o restante do panfleto*. Quanto a isso, não há dúvida. Vejamos o que mais salta aos olhos.

Os v. 20-23 estão na continuidade dos v. 1-9. Lá, no v. 4, fora preparado o destaque dado a Zorobabel no v. 23. Ademais, o conteúdo dos v. 21-22 se avizinha ao dos v. 6-7.

Nos v. 15-19 é retomada a primeira unidade (1,1-15a). Lá e cá fala-se de más colheitas (compare 1,5-6.9-11 com 2,16-17). Agora se prenuncia safra abundante (2,19). A expressão "dirigi vossa atenção a" encontra-se em 1,5b.7b e em 2,15a.18.

Sem vinculações expressas com o todo do livro está a primeira das subunidades (v. 10-14). Sua temática é deveras específica. Poder-se-á ver uma relação entre a expressão "este povo" em 1,2 e em 2,14, entre o conteúdo de 2,14 e o de 2,6-7.

Pelo visto, não resta dúvida de que nossa terceira unidade está adequadamente integrada ao todo do livro de Ageu. Nela seus assuntos prediletos são concluídos.

24º dia, 9º mês

Nossa unidade está localizada no 24º dia do 9º mês – isto é, 18 de dezembro de 520. Esta datação parece ser relevante. Afinal, é o que junta as três subunidades; aparece nos v. 10, 18 e 20. E, além disso, obedece a uma ordem especial. Nas datações que encabeçam as outras unidades, a sequência fora: ano-mês-dia (1,1 e 2,1). Aqui, é: dia-mês-ano! Isso está a indicar que os redatores – é a eles que devemos atribuir essas indicações cronológicas – querem ressaltar o 24º dia do 9º mês. O que haveria de peculiar nesse dia?

Ao que nos consta, para esse dia não estava prevista nenhuma liturgia especial, como ocorria com a datação dos v. 1-9. É verdade que existem textos que fazem menção a ritos e eventos no 24º dia (Zc 1,7; Ne 1,9; Dn 10,4, confira Ag 1,15a). Contudo, não vejo nenhuma relação entre tais textos e nossa unidade. Permanece, pois, a pergunta.

Penso que os v. 15-19 fornecem a resposta. No v. 19 é pressuposto que os cereais foram semeados e que a brotação iniciou. Encontramo-nos no mês de dezembro, quando, na Palestina, renasce a natureza. Parece, pois, que a localização no 9º mês não advém do calendário litúrgico (confira v. 1-9), mas da própria situação em que o profeta falou. É o que também constato em relação à menção do 24º dia. Esse foi o dia *do lançamento dos alicerces do templo* (v. 18). A partir desse dia, passou-se a "colocar pedra sobre pedra" (v. 15). Os meses anteriores, desde o 21º dia do 7º mês, estiveram dedicados à arrumação e à preparação de terreno e material. Agora, a obra cresce. Com ela cresce a natureza. Com ambos, cresce a esperança. Do jeito que brota a natureza, no mês de dezembro na Palestina, crescem as obras no templo de Javé.

Ao afirmar que o 24º dia do 9º mês do 2º ano de Dario -18 de dezembro de 520 – é, historicamente, a data de lançamento dos alicerces do templo, entramos em conflito com Esdras 1—6. De acordo com o relato de Esdras, os alicerces teriam sido lançados logo após o decreto de Ciro (539) (veja Esd 3,8-10; 5,16). Aqui não podemos discutir os detalhes advindos dessa diferença entre nosso Ageu 2,15.18 e Esdras. Tomo a liberdade de constatar que hoje, via de regra, se atribui maior probabilidade histórica a Ageu, que aliás é confirmado por Zacarias 4,9.

Nossa unidade interpreta, pois, a colocação dos fundamentos do santuário. Perscruta-lhe o sentido. O estudo das subunidades tratará de explicitá-lo.

Não aos persas! (v. 10-14)

Estamos lidando com uma narração – "aconteceu", "disse", "respondeu". Nela predomina a *prosa*, em especial nos v. 10-13. Diferente é o v. 14. Nele a linguagem se eleva à poesia; as repetições são flagrantes.

A *disposição* é transparente. No início, verifico dupla introdução (v. 10 e v. 11). Uma (v. 10) está à testa do todo da terceira unidade (2,10-23). Outra (v. 11) funciona como início de nossa subunidade. O conteúdo é formado por uma consulta a sacerdotes (v. 12 e v. 13) que têm a função de preparar a palavra profética (v. 14). O v. 14 é a aplicação profética dos resultados da consulta. Nela se decide o sentido desses versículos. Não é nenhum acaso que, neste ponto alto, o estilo passe da prosa para a poesia!

O *sentido* é discutido. Os v. 10-14 são os mais controvertidos no livro de Ageu. Não se pode dizer que haja consenso em sua avaliação. O problema reside na passagem dos v. 10-13 para o v. 14. Como se correlacionam aplicação (v. 14) e consulta (v. 10-13)7 Aproximemo-nos do dilema, passo a passo, auscultando cada versículo.

Já verificávamos que o *v. 10*, a rigor, não está vinculado somente à subunidade que lhe segue (v. 11-14). Introduz, com datação e definição da origem da profecia de Ageu, o todo da terceira unidade. Repete-se aí, com variações (confira acima), o que já conhecemos de 1,1 e de 1,15b+2,1. Deparamos com a obra dos compiladores nesse v. 10.

A introdução precípua da subunidade está no *v. 11*. A "fórmula do dito de mensageiro" (assim disse Javé dos Exércitos) encaminha a tarefa.

Tal realce – na cabeça de um conjunto – essa fórmula também obteve em 1,2: Ageu, acima de tudo, é mensageiro (1,13!). A mensagem, ou melhor, a tarefa da qual está incumbido, é uma consulta aos sacerdotes. Este vem a ser o sentido da expressão: "pede aos sacerdotes por orientação". Aqui o verbo "pedir" não encaminha a solicitação por um oráculo divino, como ocorre frequentemente (Js 9,14; 2 Sm 16,23), pois nesses casos o pedido é dirigido a Deus (Jz 1,1; 18,5; Is 30,2). Visa a obtenção de uma *torah*, como diz o texto original, isto é, uma "orientação". Dar "orientação" / *torah* é atribuição dos sacerdotes (veja Jr 18,18; Os 4,6). Chama a atenção que a consulta não seja dirigida a Josué, o sumo sacerdote (veja 1,1.12). Penso que a explicação mais simples é que consultas corriqueiras como a de Ageu ou dos enviados de Betel em Zacarias 7—8 são dirigidas aos sacerdotes de serviço, não à autoridade maior. De fato, o caso apresentado por Ageu, nos *v. 12-13*, não é, em absoluto, intricado. É um caso simples de ritos sacrificais. Pode-se dizer que se trata de "jurisprudência" sacrifical, de leis sobre os sacrifícios – "se... então". A consulta é encaminhada em forma de perguntas, introduzidas pela caracterização dos casos. As respostas são simples: uma discorda (v. 12), outra concorda (v. 13). As duas perguntas obedecem à mesma estrutura. A diferença está em que a segunda (v. 13) é mais breve por remeter à primeira (v. 12), pressupondo-a. Os casos em consulta referem-se à distinção entre as esferas do santo e do profano, do puro e do impuro. É incumbência sacerdotal zelar pela adequada diferenciação entre as duas e orientar os "leigos" de acordo (Lv 11,46-47; 12,6-8; Ez 22,26; 44,23). Vejamos, a seguir, os detalhes da consulta.

O caso (v. 12) trata da atitude de um "homem", de "alguém" livre, isto é, que tem acesso ao santuário. Esse "homem" / "alguém" "carrega" / "leva" do santuário uma parcela do sacrifício ali realizado (veja Lv 7,16-18; 19,5-8). Por isso, a carne que leva é "santa". Fora dedicada em sacrifício (veja Jr 11,15; 1 Sm 21,4). Carrega essa parcela enrolada na orla, na bainha de sua roupa. Essa orla – não a "carne santa"! – entra em contato com algo comestível. São mencionados quatro alimentos, a título de exemplo. Observo uma progressão: dos mantimentos mais corriqueiros (pão e comida cozida) aos mais valiosos (vinho e óleo), concluindo com uma generalização (qualquer alimento). Enfim, o caso permanece no nível dos mantimentos. Inquire sobre a transmissão da santidade de uma carne sacrifical/santificada, envolta em tecido, para outros mantimentos não-santificados. Os sacerdotes dão parecer negativo à possibilidade de a santidade ser transmissível.

O *v. 13* apresenta – já não mais como dito de mensageiro (v. 12), mas como fala profética – outro caso, o inverso do anterior. Quer saber se alguém que teve contato com defunto e, consequentemente, se tomou impuro (Lv 22,4; Nm 5,2; 9,6-7.10) transmite a impureza, assim contraída, a alimentos. A resposta é afirmativa. Já que o hebraico não desenvolveu um advérbio equivalente a nosso "sim", a resposta afirmativa repete os termos da pergunta, confirmando-os. Isso significa que no lugar da frase "torná-lo-á impuro!" poderíamos traduzir por "sim!", paralelo ao "não!" do v. 12.

Essa consulta, desdobrada nos v. 11-13, não tem sentido em si. Chega a seu objetivo no *v. 14*, na aplicação dada pelo profeta às consultas. Neste versículo, reside o impasse interpretativo de nossa subunidade. Enfoquemo-lo sem pressa.

Inicialmente, havemos de dar-nos conta de que a linguagem desses v. 1113 nos é um tanto estranha. As experiências aí anotadas não são as nossas. A diferenciação entre puro e impuro não é tão típica para nosso linguajar. Justamente por causa dessa distância convém realçar que, nos tempos de Ageu, a distinção entre a esfera do puro e a do impuro era constitutiva. Era inerente à vida, vital para a sobrevivência, próxima ao dia a dia. Nossos versículos não recorrem, pois, a um tema qualquer, mas a algo decisivo para a vida de então. Se tomarmos uma postura em demasia modernista diante do assunto desses versículos, talvez não percebamos sua relevância.

A partir daí, a pergunta pelo que está em jogo cresce em significação. No mínimo, pode-se constatar que Ageu pretende sentenciar que algo ou alguém é impuro. Essa é a função do v. 14. Nele é afirmado que algo é impuro: "isso é impuro". Mas o que ou quem é impuro? Essa é a questão!

Antes de chegarmos a ela, propomo-nos compreender a relação entre os v. 11-13 e o v. 14, entre os casos exemplares e sua aplicação. A partir do v. 12, alguém poderia postular que Ageu quereria afirmar o seguinte: contato indireto(!) com coisas puras não contagia, contato direto(!) com coisas impuras contamina. Penso que essa interpretação é improvável, pois para o v. 14 não interessa se o contato foi direto ou não. Parece-me que no v. 12 a referência à "orla da veste" não passa de enfeite de cenário, sem relevância maior. A questão em jogo não é, pois, se o contato é indireto ou direto. O interesse é outro: *pureza não contagia*; *impureza contamina*. O v. 14 tão somente está interessado neste aspecto. Essa interpretação da relação entre os v. 11-13 e o v. 14 implica que se exclua qualquer alegorização, isto é, não se pode querer atribuir a cada um dos elementos dos casos exemplares um sentido figurado. Por exemplo, não seria correto equiparar a "carne santificada" com boas intenções, ou a "orla das vestes" tocando "mantimentos" com evangelização superficial etc. Tais alegorizações não ajudam. Preciso se faz comparar o todo dos v. 11-13 com o v. 14, e aí, como dizia, vejo ser um auxílio constatar que, com os exemplos, Ageu afirma: *impureza contamina!* No contexto da reedificação do templo, isso faz sentido. É um alerta! Contra quem? Isto é, quem vem a ser "este povo" e "esta nação" do v. 14?

Essa pergunta localiza a dificuldade principal dessa nossa subunidade. Tratemos de fazer-lhe jus. Esse intuito conduz-nos a verificar, antes de mais nada, de que modo "este povo" e "esta nação" prejudicam, são impuros. O v. 14b assinala como indevidas duas ações: por um lado, "todo fazer de suas mãos" é inaceitável. Isso parece ser muito genérico. Mas, dentro de nosso livreto, é bastante específico.

O "fazer" certamente diz respeito aos trabalhos de reconstrução do templo (1,14; 2,4). A participação de "este povo" e de "esta nação" nas obras toma o templo impuro. Por outro lado, "o que fazem aproximar ali" é inaceitável. A expressão "fazer aproximar" é muito elucidativa. Refere-se ao "fazer aproximar", ao "trazer" das oferendas para o sacrifício (Ex 29,3; Lv 8,18; Esd 8,35). Temos aí um termo técnico para "oferecer", "sacrificar"! A participação de "este povo" e de "esta nação" nos sacrifícios "ali", isto é, no altar de Jerusalém, no qual, no mínimo desde 538, se voltara a realizar sacrifícios (Esd 3), prejudica a pureza do altar e do templo em obras. Quem seria essa gente que, ao participar dos rituais de sacrifício e ajudar nas obras, deturpa tudo?

É difícil circunscrever com exatidão esses grupos que, por meio da profecia de Ageu, passam a ser impedidos de contribuir no santuário. Provavelmente são dois grupos. É o que sugerem os paralelismos do v. 14. Não vejo empecilho maior em identificar "este povo" de 2,14 com o de 1,2+4. Acho que isso até se impõe pelo argumento de coerência de linguagem num livreto como o nosso. Se isso conferir, "este povo" são os mais abastados em Jerusalém (a respeito veja acima na interpretação de 1,2.4). Enquanto isso, "esta nação" muito provavelmente são estrangeiros (veja 2,7.22). Ageu há de repudiar aqui a ajuda, prometida pelos persas (Esd 6,4!). Como Samaria era sua instância administrativa mais próxima – Judá ainda não era província! –, é bem possível que o profeta também esteja rejeitando os samaritanos, vinculados aos persas. Aliás, conforme nossas constatações de acima em relação a 1,2+4, os abastados de Jerusalém terão tido interesses similares aos do grande império da época. Portanto, quem partilha os interesses do império não pode partilhar o novo santuário, seja ele "este povo" abastado em Jerusalém ou "esta nação" vinculada ao senhorio persa. Ora, o novo templo justamente é antipersa (2,6-7.22). A ele não tem acesso quem faz o jogo dos dominantes. Nesse sentido, 2,10-14 é uma continuação de 2,1-9, em particular de 2,6-7, e uma preparação para 2,20-23.

Haverá comida! (v. 15-19)

Há *vínculos* entre os v. 15-19 e os v. 10-14. Os v. 15-19 aparecem como continuação da fala profética do v. 14. Complementam-na, pois, enquanto aquele (v. 14) estabelecia separações contra gente indesejada, estes (v. 15-19) instruem os adeptos. Ainda que existam tais vínculos entre os v. 15-19 e a subunidade antecedente, as *diferenças* são ainda mais flagrantes. Há nova introdução (e agora), novos interlocutores (vós), novo conteúdo. Os v. 15-19 realmente formam outra unidade.

Seu *texto* apresenta indefinições no original hebraico. Basta comparar a tradução aqui adotada com outras para verificá-lo. Ocorre que o original hebraico contém problemas de transmissão de texto. No início do v. 16 e no final do v. 17 localizam-se as dificuldades maiores. Tratei de solucioná-las em sintonia com as tradições antigas e os estudos mais recentes.

Nestes versículos deparamos com uma mescla de *prosa* e *poesia*. Aliás há predominância do estilo de prosa, pois nos v. 15 e 18 nem mesmo há repetições, e nos v. 17 e 19 tais repetições não estão claramente correlacionadas. Poesia típica é o v. 16. Essa conjugação de poesia e prosa assemelha-se à de 2,1-9.

Evidente é a *estruturação* da subunidade. Encabeça-a um advérbio que parece funcionar como interjeição: "agora!". O que lhe segue subdivide-se em duas partes que se correspondem (v. 15-17 e v. 18-19); entre as duas partes lê-se a "fórmula do dito divino" – "dito de Javé" (v. 18). Cada uma das partes é iniciada por um apelo à atenciosa verificação – "dirigi vossa atenção (v. 15 e v. 18), seguido da indicação das circunstâncias cronológicas a averiguar (v. 15 e v. 18). Passa-se a seguir às constatações (v. 16 e v. 19a), calamitosas na primeira (v. 16) e esperançosas na segunda parte (v. 19a), que, por isso, é introduzida por novo apelo à verificação (final do v. 18). Cada parte encerra dando os motivos para a calamidade (v. 17) e para a esperança (v. 19b). Mais extensa é a justificação da calamidade (v. 17). O alvo do texto indubitavelmente é o v. 19: a esperança. Percebemo-lo no esquema a seguir:

15E agora!
Dirigi vossa atenção (ao que sucede), desde este dia em diante:
Antes de colocar pedra sobre pedra no templo de Javé, 16que vos sucedia?
Vinha-se a um monte de grãos de 20 medidas e havia 10.
Vinha-se ao lagar para tirar 50 medidas e havia 20.
17Atingi-vos com o crestamento, a ferrugem e o granizo em toda obra de vossas mãos.
Eu não estive convosco. Dito de Javé.
18Dirigi vossa atenção (ao que sucede) desde este dia em diante, desde o 24º dia do 9º mês, isto é, desde o dia em que foi posto o fundamento do templo de Javé.
Dirigi vossa atenção:
19Ainda há semente no celeiro?
Ainda há videira, figueira, romãzeira e oliveira que não carrega?
Desde este dia abençoo!

Pelo visto, há simetria na disposição dessa subunidade. Tudo está em seus devidos lugares. Essa simetria tem a função de dar maior ênfase a determinados conteúdos. Tratemos de descrevê-los.

O *sentido* de nossa subunidade é marcado pelo advérbio temporal que vem à sua testa: "e agora!" (v. 15). Por meio dele nossos versículos são vinculados à temática que inicia (1,2+4) e conclui (2,23) o livreto: a interpretação do templo. No tempo atual, "agora", decide-se a história (veja 2,4). Esse "agora" não é, pois, só um tempo cronológico; é teológico. Seu conteúdo é o que o faz decisivo e pleno. Esse conteúdo é a construção do templo já começada (v. 15.18) e a inusitada perspectiva aberta com essa obra (v. 19). Logo, o "agora" está repleto do ocorrido e do que virá a ocorrer. Introduz o novo.

Que esse "agora" é decisivo, constata-se também no decorrer da subunidade. As indicações temporais são uma constante. Há referências ao passado: "antes de" (v. 15), e, em especial, ao presente: "desde este dia em diante" (v. 15.18, confira 1 Samuel 16,13; 30,25), "desde este dia" (v. 19). Esse presente tem data: o 24º dia do 9º mês (v. 18)! Pode-se dizer que os v. 15-19 circulam em tomo de expressões temporais, do hoje. Ageu é intérprete do tempo. Lê os sinais. *Percebe-se aí que a profecia vai se fazendo apocalíptica!*

Os apelos à reflexão e à atenciosa verificação, que introduzem cada uma das duas partes (v. 15-17 e v. 18-19), justamente alertam para o presente (desde este dia = hoje) e o futuro (em diante, para o futuro). Ao se referir ao tempo, o profeta evidentemente engloba em sua perspectiva os acontecimentos que nele se desenrolam (veja 1,5.7). Pode-se verificá-lo no que segue no v. 15 (e no v. 18).

Passa-se a constatar os fatos. Essa averiguação é encaminhada com uma pergunta. Inquire sobre a realidade antes do início da reconstrução do santuário, no 24º dia do 9º mês. A pergunta "antes de colocar pedra sobre pedra no templo de Javé, que sucedia convosco?" (v. 15) não remete, pois, al,14-15a. Lá se tratava do começo dos trabalhos. Aqui a questão são os alicerces! É o presente! A partir dele, o *v. 16* olha para trás. Retoma 1,5-6.9.10-11, se bem que com novos acentos. São-nos apresentadas duas amostragens da produção agrícola, uma da colheita de grãos e outra da fabricação de vinho. Em ambas o resultado é um fracasso. A colheita do grão só alcança a metade do esperado, e a produção do vinho nem chega a tanto. Esses dados são conhecidos de todos. Correspondem à safra encerrada. (Lembro que 2,1-9 se situa na festa da colheita das frutas – confira acima.) Hoje diríamos que são análise da realidade.

A causa dessas safras frustradas é o tema do *v. 17*. Javé é essa causa (confira 1,9.10-11). Duas frases a expressam. A primeira, em termos concretos; a segunda, em formulação mais geral.

A primeira frase (v. 17a) constata que Javé "feriu", "atingiu", "castigou" (veja Lv 26,24; Am 4,9) por meio de fenômenos naturais. Três são mencionados: crestamento, ferrugem e granizo. Por causa deles, a produção de grãos sofreu quebra drástica. Essa produção agrícola o profeta designa como "obras/trabalho de vossas mãos". No v. 14, a mesma expressão se referia às obras na construção. Aqui seu conteúdo é o trabalho na roça.

A segunda frase (v. 17b) – transmitida com certa insegurança no texto original – estabelece uma afirmação geral: "eu não estive convosco". Ela é o oposto do que sucedeu desde o início das obras no templo. O novo templo assinala a presença de Javé (1,13; 2,4b-5.9b). O período anterior equivale à ausência. Presença e ausência de Deus são, pois, mediadas de modo muito concreto. Mediação de sua presença é o templo e, por extensão, as benesses da natureza. Mediação de sua ausência é a ausência do templo (v. IS!) e, por extensão, a adversidade da natureza. No v. 17b e no v. 15 está, pois, a origem do v. 17a. O v. 17b tem, por conseguinte, um peso todo especial. Justamente por isso, a "fórmula do dito divino" (dito de Javé) não só conclui a primeira parte do alerta para averiguação (v. 15-17), mas, em especial, também reforça a tese de que a ausência de Javé (v. 17b) e de seu templo (v. 15) é causa da falta de comida (v. 16-17a).

A segunda parte (v. 18-19) segue a disposição da primeira (v. 15-17). Recapitula assuntos anteriores (v. 18), para enfim conduzir ao auge da subunidade (v. 19). O v. 18 basicamente repete o v. 15, dando-lhe alguns acentos novos: o v. 15 perguntara pela situação "antes" da colocação dos alicerces. O v. 18 averigua a situação a partir da colocação dos fundamentos, no 24° dia do 9° mês, isto é, em 18-12-520. Esta datação contradiz Esdras 3,8-9, segundo o qual os alicerces teriam sido lançados logo após o retomo dos exilados. Já anotávamos acima que, hoje, os historiadores são da opinião de que a informação mais sólida está em Ageu.

Outra peculiaridade do v. 18 é enfatizar, uma segunda vez, o apelo à atenção: "dirigi vossa atenção". Essa repetição visa preparar o v. 19, a culminação da subunidade.

Esse v. 19 corresponde aos v. 16-17. No v. 19a, reencontro o v. 16, e no v. 19b, o v. 17. Porém, o conteúdo é o inverso. Lá se falara de más colheitas, aqui se observam os prenúncios da futura abundância. De fato, a natureza primaveril – encontramo-nos em dezembro, em plena época de chuvas! – valida-os. As expectativas são por fartas safras, tanto na produção de cereais como na de frutas. A semeadura foi abundante, de sorte que não há mais "semente no celeiro". As árvores frutíferas – "videira", "figueira", "romãzeira" e "oliveira" – brotaram, floresceram e já "carregam" frutas. Também o v. 16 faz essa diferença entre alimentos oriundos de sementes e de plantas frutíferas. O mesmo se observa no v. 12 e em 1,6.11. É o jeito de Ageu.

Essa expectativa por alimento abundante tem sua causa na bênção de Javé (v. 19b). Ela atua desde que foi iniciado o templo. Essa promessa de bênção assemelha-se à de bem-estar em 2,9b. A diferença está em que "paz" / "bem-estar" tem em vista uma situação. Bênção destaca o crescimento e a potencialidade que conduz à vida abundante, isto é, de acordo com o v. 19a, repleta de alimentos. Bênção materializa-se aqui em comida!

Um davidida, meu servo! (v. 20-23)

Nesta segunda profecia do 24º dia, o livro chega a seu alvo. Percebemoio na própria linguagem. É a mais *poética* de todo o livro. As repetições são nítidas: o v. 21b caracteriza o cenário de modo geral (confira v. 6b). As repetições poéticas subsequentes, no v. 22, especificam detalhes. A frase final no v. 22 – "um soldado cairá pela espada de seu companheiro" – arremata, assemelhando-se ao v. 21b. Também no v. 23 há nítidas repetições poéticas, interrompidas, nada menos de três vezes, pela "fórmula do dito divino" – "dito de Javé dos Exércitos". No auge do conteúdo, verificamos também o ápice da veia poética de Ageu!

A *estrutura* não deixa margem a dúvidas. Constato haver dupla introdução, como de costume (confira 2,1-2.10), a primeira (v. 20) com a tarefa de vincular a subunidade à unidade maior, devendo ser atribuída, pois, à mão dos redatores do livro, a segunda (v. 21b) como encaminhamento da nova profecia. Esta, por sua vez, é constituída por duas partes. Uma (v. 21b-22) ameaça, a outra (v. 23) promete; uma está voltada para os de fora, a outra para alguém de dentro.

Passemos ao *conteúdo*. Afinal, é ele que faz desses versículos finais o ápice do livreto.

Os dados da introdução redacional do *v. 20* abreviam o v. 10. A alteração que ocorre talvez seja de algum significado particular: em vez de dar destaque à datação, como em 1,1, em 1,15b+2,1 e em 2,10, o v. 20 dá ênfase ao evento da palavra: "aconteceu a palavra de Javé" (confira 1,3). Decisiva é a profecia como tal, seu conteúdo. Com vistas à relevância do que é dito, a data passa para segundo plano.

A profecia é dirigida a uma só pessoa (v. 21a). Já isso marca uma diferença. Todos os demais ditos do livreto foram dirigidos a diversas pessoas. A única alocução individualizada é a última. Interpela "Zorobabel, intendente de Judá". Esse endereçamento da profecia, de certo modo, já vinha sendo preparado nos ditos precedentes. Zorobabel encabeçava as demais enumerações de pessoas (1,1.12.14; 2,2). E, em 2,4, fora destacado, quando a menção de seu nome foi distinguida com um solene "dito de Javé".

A primeira parte da profecia, dirigida a Zorobabel (v. 21-22), ameaça. O anúncio do abalo de "céus e terra" (v. 21b) implica tal ameaça. Afinal, trata-se de uma convulsão cósmica que põe em perigo a ordem da criação. Como nos v. 6-7, a linguagem é apocalíptica. Como lá, também aqui seu alvo não é a conturbação da criação, mas a alteração da história. Esse é o enfoque do *v. 22* (confira v. 7).

Esse v. 22 dá ênfase à destruição patrocinada por Javé. Suas cinco frases referem-se a ela, cada qual com acentos peculiares. Quem será destruído?

A primeira frase já identifica os ameaçados. Para bom entendedor, poucas palavras bastam: "derrubarei o trono dos reinos". Não há dúvida de que esse "trono" (singular!) que "será virado" ou "derrubado" – literalmente se poderia traduzir o verbo hebraico por "emborcar" (veja 2 Rs 21,13) – é o do imperador persa. Em 520, esse era o "trono dos reinos". Os persas dominavam o mundo! Portanto, o abalo cósmico (v. 21b) concretiza-se, historicamente, como abalo da opressão persa. Explicita-se assim o que já estivera implícito nos v. 6-7. As demais afirmações complementam esse quadro. Vejamos.

A segunda frase – "eliminarei a força dos reinos dos povos" – anuncia a derrocada do exército. Digo exército porque é isso que significa "força", em nosso versículo (confira também Am 2,14; 6,13; Jz 4,3). A "força militar" aparece aqui como sustentáculo do trono. Ao ser emborcado por Javé, o exército que está nas cercanias do trono, sustentando-o, é o primeiro a ser atingido. O exército é a "força" do "trono"! (Os tempos nem mudaram tanto!) É interessante observar que há progressão da primeira para a segunda frase: o trono persa, basta ser emborcado; o exército precisa ser eliminado. Nesse contexto, vale a pena lembrar que o verbo "eliminar" costuma ser usado para o banimento, a matança e o total extermínio dos inimigos derrotados em assim chamadas "guerras santas" (Dt 2,21-22; Js 7,12; 11,14; 24,8; Am 2,9). Do exército persa nem semente restará (Zc 9,10)!

A terceira e a quarta frases pormenorizam a segunda. Nelas encena-se, em detalhes, o extermínio da "força", isto é, do exército. A terceira ameaça a derrubada dos "carros de combate", tracionados por cavalos, e dos dois ou três combatentes que ocupavam os carros. Desde o segundo milênio, essa era uma das armas militares mais sofisticadas e temidas (confira Dt 17,16; Is 31,1-3). Compunha o núcleo do exército.

A quarta continua a enfocar a eliminação do exército. Nela a alusão aos persas chega a ser flagrante, pois foram eles os que incluíram significativos contingentes de cavalarianos em seu exército (confira Zc 1,7-17; 6,1-8). "Cairão" em meio ao abalo cósmico (v. 21b). Javé nem mesmo necessita intervir para eliminá-los. "Cairão" por si, sem consistência. As inovações do exército persa (isto é, a cavalaria) são insignificantes e desprezíveis.

A última frase do v. 22 corresponde ao v. 21b; além disso esclarece como se dará a intervenção de Javé: "um homem (morrerá/cairá) pela espada de seu irmão/companheiro". No contexto, isso significa que o abalo cósmico confundirá o exército. O caos nas próprias fileiras redundará em autoeliminação, como nas "guerras santas" (Jz 7,22; Is 9,3-4). É possível que, também nesse particular, Ageu tenha em mente episódios de seus dias. De 522 a 521 Dario e Bardija lutaram em guerra fratricida pelo trono. Ageu alude a essa autodestruição no final de nosso v. 22, como aliás o todo dos v. 21b-22, à semelhança do que já sucedera nos v. 6-7, é ameaça evidente ao domínio persa. O *abalo cósmico desemboca num abalo histórico da opressão persa*. Essa perspectiva antipersa também marca presença no v. 23, a profecia final, conclusiva e decisiva do livreto.

A promessa é o conteúdo dessa segunda parte da profecia dirigida a Zorobabel. É, pois, o reverso da ameaça aos persas nos v. 21b-22. Promissão e ameaça estão correlacionadas. São concomitantes. Enquanto a ameaça for se realizando, a promessa se implantará. Uma e outra sucederão "naquele dia". Com essa expressão adverbial, Ageu retoma a um de seus assuntos prediletos: o tempo. No caso da expressão "naquele dia", o tempo visado é o porvir, o tempo pleno e benévolo, aquele que conterá "bem-estar" (v. 9b) e "bênção" (v. 19b). Em especial são dois os conteúdos prometidos para esse novo tempo escatológico, em caminhos apocalípticos.

Por um lado, o profeta promete que Javé "tomará" Zorobabel; qualificá-lo-á, Neste caso, "tomar" é, pois, idêntico a "escolher" (veja Am 7,15; 2 Sm 7,8). Zorobabel será o 'escolhido' de Javé! Esse Zorobabel é definido como "filho de Salatiel" e como "escravo/servo de Javé". Esses dois atributos parecem ser muito intencionais. Por certo, vários outros versículos apresentavam Zorobabel como "filho de Salatiel" (1,1.12 etc.). Percebe-se a peculiaridade de nossa passagem ao conferir o v. 21. Lá Zorobabel era qualificado como "intendente de Judá", ou seja, como funcionário persa. Aqui, no v. 23, o Zorobabel eleito dos tempos escatológicos tão-somente será "filho de Salatiel", isto é, neto de Jeconias/Joaquim, portanto um davidida. Deixará de ser "intendente" a mando dos persas para ser "filho" da tradição davídica. Esse davidida do porvir será "escravo/servo de Javé". Trata-se aí de um título honorífico carregado de tradição. Lembra outros grandes "servos de Javé", por exemplo: Moisés e Davi (Ex 14,31; Ez 34,23 s.; 2Sm 7,5.8). Lembra, em especial, o servo sofredor, tão celebrado pelo Deutero-Isaías (Is 42,1; 49,3; 52,13 etc.). Ageu anuncia, pois, um novo Davi que, à diferença do monarca de tempos idos, será um novo servo, vinculado a Javé (meu servo), libertador do jugo persa (v. 22!), semelhante ao servo sofredor do Deutero-Isaias, dedicado a seu povo como servidor (confira Dt 17,14-20). Como "servo de Javé", Zorobabel já não será um opressor de seu povo! Por outro lado, Ageu promete que Javé "colocará" (confira o v. 15!) isto é, "instituirá" (1 Sm 8,5; Os 2,2) – o novo Davi, servidor e libertador, "como o sinete". Essa figura é surpreendente. Não é usual como o título "meu servo". A aplicação do símbolo do sinete a Zorobabel é algo novo. Por isso, é preciso atentar para seu sentido. Ora, um sinete é um objeto de uso pessoal e individual para autenticar documentos (um carimbo, Jr 32,10). Em nossos dias, equivaleria à assinatura.

Entre o sinete e seu dono há uma relação de pertença exclusiva (Gn 38,18). Ao ser instituído como sinete, Zorobabel é constituído como representante de Javé. Tem relação estreita e pessoal com o Deus de quem é servo. Mas por que Ageu recorre justamente a esse símbolo do sinete para qualificar a relação entre Javé e Zorobabel? Parece haver um motivo todo especial para que Ageu aplique a figura do sinete a Zorobabel. Encontramo-lo em Jeremias. Em Jeremias 22,24-27, temos uma ameaça jeremiânica contra Jeconias (= Joaquim) – avô de Zorobabel! Nela é dito que Jeconias, mesmo "se fosse o sinete da mão direita de Javé", seria aniquilado. Nosso v. 23 alude àquela ameaça, revertendo-a em promessa. Ageu atesta que a ameaça jeremiânica está superada. Agora, no novo tempo, vale nova palavra. Ela é de promessa. Uma vez percebida essa peculiaridade de superação de palavras de Jeremias em nosso versículo, será adequado agregar um aspecto a mais.

Sabemos que, nos últimos anos da história do Estado de Judá, existiam duas correntes políticas em Jerusalém. Uma considerava o rei Jeconias/ Joaquim, exilado na Babilônia deste 597, como rei legítimo (Jr 28,2-4). Outra aceitava Sedecias, imposto pelos babilônios, em 597, e monarca até 587, quando da destruição de Jerusalém. Os exilados de 597 apostaram em Jeconias. Ezequiel, que atuou entre os deportados, data todas as suas profecias de acordo com Jeconias (Ez 8,1; 20,1 etc.). Constata-se, pois, que Ageu aderiu a essa corrente para a qual Jeconias fora o último e legítimo davidida a ocupar o trono hierosolimita. Está mais na tradição de Ezequiel do que na de Jeremias.

Essas promessas a Zorobabel estão fundamentadas em Javé. Ele assim decidiu: "pois te escolhi". Ao embasar as promessas na eleição, Ageu recorre a mais uma das tradições de peso. Afinal, a afirmação de que Javé elegeu Israel – ou, como aqui, seu governante – é vital e frequente (Dt 7,6-8; 17,15; Sl 78,67).

Esse apogeu da profecia de Ageu é concluído pela "fórmula do dito divino" – "dito de Javé dos Exércitos". Esteve no início do v. 23 e em seu centro; fizera-se presente em todo o livreto; e o conclui também. Essa fórmula afiança o conteúdo do versículo final e sela o livreto, em tonalidade litúrgica.

O v. 23 celebra o porvir. Por isso, aproxima-se do litúrgico. Esse tom celebrativo é sublinhado pela linguagem repleta de termos e idéias caros à tradição israelita. Esse tom solene provém do conteúdo desse versículo final. Afinal, seu anúncio não é de somenos.

Prevê o fim da história desastrada que culminara no exílio e desembocara na exploração persa. Aguarda o início de nova história, encabeçada por Zorobabel, o messias. *A esperança de Ageu é messiânica*, nos termos do Antigo Testamento. Aguarda, a partir do início do templo, um novo estado, cuja característica básica será a de "bem-estar" e "bênção", de pão para todos.

Em resumo

Essa terceira unidade agrupa três profecias (v. 10-14, v. 15-19, v. 20-23). Distinguem-se quanto às temáticas. A última é o ápice, tanto da terceira unidade como de todo o livro. Essas três profecias foram proferidas no 24º dia do 9º mês, isto é, em 18 de dezembro de 520. Essa data tomou-se significativa, porque nela foram lançados os alicerces do novo templo. O profeta entendeu a colocação dos fundamentos como passo decisivo para a história do povo de Deus.

Nessa oportunidade, as palavras proféticas de Ageu reenfatizam conteúdos já expressos, explicitam novas consequências e preanunciam mudanças radicais. Reenfatizam a relação entre a construção do templo e os prenúncios de farta colheita. Reafirmam que o novo santuário implicará pão abundante. Explicitam, com nitidez, a derrocada dos persas; os donos do mundo de então e os que paparicam suas benesses estão excluídos da nova era inaugurada pelo templo. Preanunciam o novo tempo, a era messiânica, a irromper prefiguradamente com Zorobabel.

O templo é, aqui, foco desencadeador de estupenda esperança. Seus alicerces abalam a criação e a história, depõem a força militar que oprime e liberam as expectativas daquela gente aperreada na terra de Judá.

Com a escolha e a instituição do servo Zorobabel termina o livro. Esse término é um tanto abrupto. O livreto chega ao fim. A profecia de Ageu também teria chegado a seu fim?

INDICAÇÕES BIBLIOGRÁFICAS

As referências bibliográficas a seguir privilegiam publicações que se costuma encontrar em nossas bibliotecas teológicas sobre Ageu.

BALDWIN, J. G.

Ageu, Zacarias, Malaquias - Introdução e comentário. São Paulo, Vida Nova, 1972 (Cultura Bíblica 28).

BALLARINI, T.

Os doze profetas. Petrópolis, Vozes, 1978 (Introdução à Bíblia 2/4).

CAMPS, C. M.

Frente a un tiempo totalmente nuevo. *Heraldo Cristiano*, La Habana, v. 73, n. 2 (1992) 8-13.

Traed madera y reedificad mi casa! *Heraldo Cristiano*, La Habana, v. 80, n. 6 (1998,) 17-22.

GLRARD, M.

Como ler o livro de Ageu - É urgente reconstruir. São Paulo, Paulinas, 1992, 47p. (Como ler a Bíblia).

JAPHET, S.

Sheshbazzar and Zerobbabel. *Zeitschriftfiir die alttestamentliche Wissenschaft*. Berlin, Walter De Gruyter, v. 94 (1982) 66-105; v. 95 (1983) 218-229.

JONG, S.

La buena nueva del profeta Hageo - Impulsos para la reconstrucción de Judá después del exilio. *Teologia en Comunidad*. Santiago, Comunidad Teológica, V. 8 (1992) 44-54.

KUNSTMANN, W. G.

Os Profetas Menores - Comentário bíblico. Porto Alegre, Concórdia, 1983.

MASON, R. A.

The Purpose of the "Editorial Framework" of the Book of Haggai. *Vetus Testamentum*, Leiden, E. 1. Brill, V. 27 (1977) 413-421.

PETERSEN, D. L.

Haggai and Zechariah 1-8. Philadelphia, Westminster, 1984, 320p. (The oid Testament Library).

PROFETISMO

Coletânea de estudos. São Leopoldo, Sinodal, 1985, 263p. (Estudos Bíblico--Teológicos Antigo Testamento 4).

RUDOLPH, W.

Haggai - Sacharja 1-8 - Sacharja 9-14 - Maleachi. Gütersloh, Verlagshaus Gerd Mohr, 1976 (Kommentar zum Alten Testament 13/4).

SCHOTTROFF, W.

Zur Sozialgeschichte Israeıs in der Perserzeit. *Verkündigung und Forschung*, München, Christian Kaiser Verlag, V. 27 (1982) 46-68.

STECK, O. H.

Zu Haggai 1,2-11. *Zeitschrift fiir die alttestamentliche Wissenschaft*, Berlin, Walter De Gruyter, v. 83 (1971) 355-379.

TILLESSE, C. M. DE.

Os XII profetas. *Revista Bíblica Brasileira*, Fortaleza, v. 18, n. 1/2 (2001) 1-180.

VASCONCELLOS, P. L.

Templo, terra abençoada e messias - A utopia do povo da terra em Ageu. *Estudos Bíblicos*, Petrópolis, Vozes, v. 44 (1994) 59-63.

WINTERS, A.

O templo em Ageu. *Revista de Interpretação Bíhlica Latino-Americana*, Petrópolis, Vozes, v. 35/36 (2000).

WOLFF, H. W.

Haggai - eine Auslegung. Giessen, 1951 (Biblische Studien I).

Dodekapropheton 6 - Haggai. Neukirchen, Neukirchener Verlag, 1986, 100p. (Biblischer Kommentar Altest Testament 14/6).

Haggai/Haggaibuch. ln: *Theologische Realenzyklopedie*, V. 14, 1985, p. 355-360.